会津人が書いた
只見線各駅物語

36＋2駅に息づく歴史秘話と現在

鈴木信幸

会津人が書いた　只見線　各駅物語　目次

まえがき――会津人が書いた
只見線36＋2駅の物語

▼はじめに

福島県会津若松市と新潟県魚沼市小出を結ぶJR只見線（135・2㎞）は、2011（平成23）年7月の新潟・福島豪雨で甚大な被害を受けた。会津川口―只見間が最後まで不通区間として残っていたが、その改修工事が終わり、2022（令和4）年10月1日、11年ぶりに全線再開通となった。

しかし、記念すべきその運転再開1番列車（会津若松発小出行き）がトラブルに見舞われた。塔寺―会津坂本間で車両故障のため運転打ち切りとなってしまったのだ。只見線は思わぬかたちで、全国ニュースになった。筆者もテレビのニュースでこのことを知った。塔寺駅は筆者の実家の最寄り駅だ。中学・高校の6年間の通学に利用した、筆者にとってはいちばん身近な駅だ。塔寺駅が全国のニュースになったのはこれが初めてだろう。筆者はニュースを見ながら、ニュースを見た人で塔寺駅がどこにあり、どんな駅なのかに関心を持った人はどのくらいいるだろうと思ったものだ。

只見線には現在36の駅がありそのほとんどが無人駅だが、かつては駅員のいた駅もかなりある。塔寺駅もそうだった。只見線の各駅にはそれぞれの歴史があり、周囲には人々の生活がある。

観光地を眺める視点ではなく、そこに生まれ育った人間の視点から、只見線すべての駅を調べて記録に残すのも面白いと思い、この本を書いた。旅行ガイド的な記述や教科書的な郷土史ではない語り口を心がけている。どの駅から読んでもらってもかまわない。本書が只見線に関心のある人、これから只見線に乗ってみようと思っている人が、只見線について知りたいと思った時の一助になれば幸甚である。

▼只見線の歴史

ＪＲ只見線は、１９２６（大正15）年10月15日会津若松を起点とした国鉄「会津線」会津若松—会津坂下（21・６㎞）開業に始まり、１９２８（昭和３）年11月20日会津坂下—会津柳津（11・７㎞）開業、１９４１（昭和16）年10月23日会津柳津—会津宮下（12・１㎞）開業と続き、福島県側が先行する形で線路が伸びて行った。

新潟県側は福島県側に遅れること約16年、１９４２（昭和17）年11月１日国鉄只見線小出—大白川（26・６㎞）が開業した。１９５６（昭和31）年９月20日会津宮下—会津川口（15・４㎞）開業、１９５７（昭和32）年８月１日電源開発田子倉専用鉄道会津川口—田子倉（32・２㎞）開業。１９６１（昭和36）年12月１日電源開発の終了により同専用鉄道の営業が廃止となり、同専用鉄道のうち会津川口—只見間の施設を国鉄が買収し、１９６３（昭和38）年８月20日会津川口—只見間（27・６㎞）が開業した。１９７１（昭和46）年８月29日只見—大白川（20・８㎞）が開業し、会津若松を起点とし小出を終点とする只見線（135・２㎞）となった。その後、１９８７（昭和62）年４月１日、国鉄の分割民営化に伴い、只見線はＪＲ東日本に継承された。

２０１１（平成23）年７月27〜30日の新潟・福島豪雨により、只見線は会津坂下—小出間が不通になるなど甚大な被害を受けた。特に被害のひどかった会津川口—只見間では、只見川に架かる第五、第六、第七の橋梁が流出したほか、第八橋梁付近の盛土の崩壊などが発生した。

被災後、ＪＲ東日本の復旧作業により只見線の大部分で運行が再開されたが、会津川口―只見間では被災から11年間、不通区間となり、バスによる代行輸送が続いた。会津川口―只見間の復旧については、費用が約85億円、工期が4年以上とされたため、２０１３（平成25）年11月10日、福島県や沿線自治体などによるＪＲ只見線復興推進会議が設置され、只見線復興に向けた検討が行なわれることになった。

２０１７（平成29）年3月27日、同会議の総意として列車の運行をＪＲが、線路や駅舎など鉄道施設の維持を地元が担う上下分離方式による復旧方針が示され、同年6月19日、福島県とＪＲの間で合意が交わされた。ＪＲ東日本の在来線で上下分離方式の採用は初めて。この復旧方針に基づき復旧工事が進められた結果、２０２２（令和4）年10月1日、全線での運転が再開された。

▼再開通以降の課題

豪雨災害からの復興に当たって、福島県と会津17市町村などは只見線の利活用の推進と、只見線を活用した地域振興を図るため、２０１８（平成30）年3月に「只見線利活用計画」を策定した。利活用計画では、只見線の利活用推進に向けた重点プロジェクトを設定、さらに２０２３（令和5）年4月には２０１８年からの5年間の取り組みの成果を踏まえ、2期目となる利活用計画を策定した。

この計画に基づき、企画列車や学習列車の運行、特別ツアーの実施、只見線全国高校サミットの開催、只見線フォトコンテストなどが取り組まれてきた。その結果、災害前と比べて利用客が1・6倍に増加するなど、成果が上がっているという。２０２３（令和5）年には只見線利活用推進協議会が第22回日本鉄道賞の「未来へつながる、希望の鉄路」特別賞を受賞した。

2022年10月に11年ぶりに全線再開した、JR只見線の利用状況と経済波及効果について、福島県は2024（令和6）5月17日に開いた只見線利活用推進協議会で初の推計結果を公表した。それによると、1年間の沿線の観光客数は約27万3千人で再開通前より約5万4千人増えた。このうち鉄道を利用した観光客数は再開通前の約9倍の約4万7千人、道の駅を車で訪れた観光客は約22万7千人だった。県内の観光や商工業などへの経済波及効果は約6億1千万円で、県と会津地方の市町村が負担している年間維持管理費約5億5千万円を約6千万円上回った。

鉄道利用の観光客数は、県が管理する会津川口駅—只見駅間の1日平均通過人員を、車利用の観光客数は三島町にある道の駅を訪れた観光客数などを基に推計した。会津川口駅—只見駅間の1日平均通過人員は、103人で「2027年度に1日平均100人」の目標を4年前倒しで達成した。

数字だけ見ればよいことが多いが、これはあくまでも推計で、沿線のあるお土産店経営者は「只見線に乗る人は増えたかもしれないが、駅に降りてくれる人は少ない。売り上げも再開通前とほとんど変わっていない」とぼやく。

▼臨時列車の増発を

いま只見線は再開通2周年を間近に控え、マスメディアが話題として取り上げていることもあって、平日でも座れない人が出るほどで、休日には始発から満員になるなど利用者数は確実に増えている。だが、全線開通、再開通以前から課題とされた、宿泊施設や飲食店数の少なさなどがいまだに解決されておらず、利用者増が沿線地域の経済に波及効果を生み出し続けていけるかは未知数だ。

只見線の利用者増を図る方策にしても、JR、県や自治体、沿線住民の間でも、運行本数を増やすのか、車両を増結するのか、臨時列車を増発するのかなど、何を優先的に進めていくのかはっきりしていない。福島県はオリジナルの観光列車導入などにより只見線の乗客増を図りたいとしているが、列車交換のできる駅は少なく、臨時列車の増発すら簡単ではない。

とはいえ、筆者が只見線の利用者増を図る方策について利用者の立場で一言すれば、臨時列車の増発がいちばん現実的だと考える。臨時列車なら全席指定なので確実に座れる。会津若松から只見まで約3時間、終点の小出までなら5時間近くを、立ったままで過ごさなければならないと知ったら、どれだけの人が只見線に乗りにきてくれるだろうか。只見線に乗りに来てくれる人たちを受け入れる側のJR、県や自治体、沿線住民にとって最高のもてなしは、最初から最後まで座って絶景を楽しんでもらえる環境を整備することではないだろうか。

只見線は、福島県側は会津盆地の水田地帯と只見川の渓谷沿いを、新潟県側は破間川の渓谷と魚沼盆地の里山風景と水田地帯の中を走る。絶景ポイントが連続し、乗客たちは車窓の外を流れる日本の原風景に歓声を上げる。しかし、沿線は過疎化と人口減少に歯止めがかからず、10年もたてば人口が千人を切る自治体も出てくる。沿線には65歳以上の人口が半分以上を占める限界集落が多く、中には集落が消えてしまった例も少なくない。

只見線に乗る人はこうした事実にも目を向け、乗るだけではなくできるだけ駅に降りて観光し、飲食し、お土産を買い、泊まってもらうことをお願いしたい。そうすることによって沿線への経済的波及効果が生まれ、人口減少のスピードが多少とも和らぎ、只見線が魅力ある地方鉄道として存続していく可能性が出てくると信じるからだ。

※本文中の年齢、料金は取材時（２０２４年）のもの。

会津人が書いた　只見線　各駅物語

1

会津若松（あいづわかまつ）

鶴ヶ城からはじめる会津観光

所在地：会津若松市駅前通り
開業：1899（明治32）年7月15日　1917（大正6）年5月21日、若松駅を会津若松駅に改称

会津若松駅は開業時の駅名は若松だったが、1917（大正6）年5月21日に会津若松駅に改称した。城郭風の駅舎は2001（平成13）年4月、鶴ヶ城の改修に合わせて改装したものだ。駅は文字通り会津若松市の玄関で市街地の北端にある。

会津若松駅には磐越西線と只見線が乗り入れている。磐越西線では途中駅だが、ホームは平地では珍しいスイッチバック式だ。列車は上下線とも北方から入ってきて、出るときは同じ線路をたどり国道49号の陸橋を潜った先で上り方面と下り方面に分かれて行く。

会津若松駅にはこれまた途中駅では珍しい頭端式ホームがある。ホームは行き止まりで車止めがあり、上から見るとカタカナの「コ」の字を逆にした形になっている。その間に線路があり、櫛の形にも見えるので櫛形ホームともいう。ホームは通路も兼ねているので平面移動が可能だ。

只見線の上り・下りだが、会津若松－小出間では会津若松が起点となり、小出方面が下りになっている。鉄道路線の上り下りの決め方は、東京駅から遠いほうを起点にすることが普通で、会津若松のように小出より東京駅に遠いほうが起点になるのは珍しい（会津若松駅は磐越西線所属、小出は上越線所属となっている）。

会津若松駅にはホームが５本あり、跨線橋でつながっていて只見線は４番ホームにある。

▼まずは鶴ヶ城から

会津観光も只見線の旅も会津のシンボル鶴ヶ城から始まる。２０２４年は奇しくも天守閣をはじめ鶴ヶ城内のすべての建物が解体されて１５０年になる。現在の鶴ヶ城は、１９６５（昭和40）年に鉄筋コンクリート造りで再建された天守閣と、江戸時代の工法・技術で復元された走り長屋と黒鉄門（表門）に、２００１（平成13）年に復元された干飯櫓と南走り長屋からなる。干飯櫓と南走り長屋は、走り長屋と黒鉄門と同じく江戸時代の工法・技術で復元された。２０１１（平成23）年３月には黒瓦だった天守の屋根瓦が解体前の

会津若松駅

赤瓦に復元された。

再建された白壁に赤瓦五重の天守閣は、天守台石垣（11m）から天守閣最上部までの高さは36m（天守閣は25m）あり、会津若松市の市街地ならどこからでも見える。鶴ヶ城は、今も昔も会津人の誇りであり故郷を意識する場でもある。

会津戦争（戊辰戦争）後、鶴ヶ城は政府の命令で１８７４（明治7）年までに、天守閣をはじめとする城内すべての建物が取り壊された。鶴ヶ城の遺構は、本丸にあった三階櫓（御三階）と千利休の子・少庵が造った茶室「麟閣」だけだ。御三階は市内・七日町の阿弥陀寺に残り、麟閣は市内に保存されていたの

を本丸の元の場所に移築・復元されている。

▼「会津南蛮屛風」はどこにあるべきか

建物ではないが、鶴ヶ城と歴史を共にしてきたものがある。「会津南蛮屛風」として知られる国の重要文化財「泰西王侯騎馬図屛風」だ。屛風は同名のものが2隻ある。神戸市立博物館とサントリー美術館がそれぞれ所蔵している。2隻の屛風はもともと8曲1双で鶴ヶ城の天守閣にあった。会津戦争後、会津藩が城を明け渡す際に切り取って持ち出し、会津松平家が半隻を長州藩の前原一誠に降伏後の会津藩に対する扱いなどの謝礼として贈ったものだ。もう半隻は松平家が所有していたが、個人コレクターを経てサントリー美術館が所蔵することになった。屛風はどちらも紙本金地着色の豪華なもので、神戸市立博物館所蔵のものは縦166・2㎝、横460・4㎝、サントリー美術館所蔵のものは縦167・9㎝、横237・0㎝ある。

神戸市立博物館所蔵の屛風は、左から神聖ローマ帝国皇帝ルドルフ2世、トルコ王、モスクワ大公、タタール汗が描かれ、キリスト教徒であるルドルフ2世と異教の王たちが対峙する図柄となっている。サントリー美術館のほうは、左から神聖ローマ帝国皇帝カール5世、フランス王アンリ4世、アビシニア王、ペルシア王の騎馬肖像が描かれている。

屛風は、安土桃山時代の作で蒲生氏郷時代の天守閣からあったとされてきたが、現在は江戸時代初期の作であることが判明している。江戸時代初期の作であっても、屛風は天守閣が解体されるまで200年以上鶴ヶ城とともにあった。

筆者は、この2隻の「泰西王侯騎馬図屛風」が元の場所である鶴ヶ城の天守閣に戻ってほしいと思う。

考古遺物や文化財などはもともとあった場所で展示し、多くの人たちに見てもらうのがいちばんいいと思うからだ。できれば神戸市立博物館とサントリー美術館から屏風を買い取り、天守閣内の郷土博物館か三の丸跡にある県立博物館で展示してほしい。買い取り費用は、会津のみならず広く全国に呼び掛けてクラウドファンディングで調達するのがいいのではないか。買い取れないなら一定期間借りて展示するという方法もある。例えば、籠城戦の期間である旧暦8月23日（新暦10月8日）から9月22日（11月6日）までの1カ月間、あるいは毎年9月に開かれる会津まつりを含む1カ月間でもいい。

実は、2隻になってしまった屏風が一度だけ会津に里帰りしたことがある。1986（昭和61）年10月18日～11月16日の間、県立博物館の開館記念展で展示されていた。他には東京のサントリー美術館が開館50周年記念展に「南蛮美術の光と影　泰西王侯騎馬図屏風の謎」として2011（平成23）年10月26日～12月4日まで、神戸市立博物館でも開館30周年記念特別展で、サントリー美術館と同じタイトルで2012（平成24）年4月21日～6月3日まで展示していた。最後の展示から10年以上経っているので、そろそろ会津で展示してもいいのではないか。

▼再建された天守閣と茶室の「麟閣」

鶴ヶ城は1384（至徳元）年、葦名直盛が東黒川館を造ったのが始まりで、その後黒川城と呼ばれるようになった。1593（文禄2）年、蒲生氏郷が黒川城を7重（地下2階5重との説もある）の望楼型の天守閣を持つ城に大改造、鶴ヶ城と命名し、地名も黒川から若松に改めた。以来、今日まで400年以上、若松、鶴ヶ城として定着している。1639（寛永16）年、加藤明成が会津大地震1611（慶長16）年で傾いた天守閣を5重に改築した。現在の天守閣は加藤氏時代の天守閣の外観を再現したものだ。

鶴ヶ城の天守閣は層塔型5重で、一階から同じ建物を一定の寸法で上に行くほどに小さくする造りになっている。望楼型の天守閣と違い千鳥破風や唐破風などの装飾もないので、シンプルだが安定感がある。

鶴ヶ城内の建物が取り壊される前、会津の人たちは1874（明治7）年4月20日から5月9日までの20日間、東北地方で初めての博覧会を本丸で開き、慣れ親しんだ鶴ヶ城との別れを惜しんだ。来場者数の記録が残っていないのが残念だ。西軍の砲弾で崩れかかった痛々しい鶴ヶ城の天守閣の写真は、この時に撮影されたものという。

城内の建物がすべて撤去された後の城跡は、旧会津藩士の遠藤敬止が私財を投じて2500円で買い取り、1890（明治23）年に旧会津藩主・松平家に献上し、1927（昭和2）年、松平家が若松市に移譲した。以来、城跡は鶴ヶ城公園として市有地となっている。1930（昭和5）年には国の史跡に指定された。

鶴ヶ城天守閣再建の動きは戦前からあったが、再建は一筋縄ではいかなかった。市制50周年（1950年）、戊辰戦争90周年（1957年）などを機に再建ムードが急速に高まったが、資金への懸念や工法などの対立もあって、市議会では再建賛成が2票差で可決されるという際どさだった。

天守閣が再建されたとき、筆者は高校1年生だった。天守閣が再建されるのはうれしかったが、どうせコンクリート造りだろうとちょっと白けていたのを覚えている。既存、再建を問わず全国にある天守閣で、赤瓦を使っているのは鶴ヶ城だけだ。赤瓦に替えられる前、筆者は西出丸の桜の木の根元で、手のひら大の赤瓦の破片を見たことがあり、鶴ヶ城の屋根瓦は赤瓦だったのではないかと思った。

筆者は鶴ヶ城に行くと、本丸東南の石垣上から天守閣を眺める。春は満開の桜の上に浮かび、夏は木々の濃い緑と抜けるような青空を随い、秋は紅葉に包まれる天守閣。冬は降り積もった雪が赤瓦を覆い尽くし、天守閣は本丸の風景とともに白一色になる。天守閣が四季折々の風景に見事なまでに調和するのは、白壁と赤瓦の組み合わせが絶妙だからだ。

傍らには茶室「麟閣」がある。東日本では珍しい草庵風の茶室（独立した茶室）で、建てたのは千利休の子・少庵。1591（天正19）年、利休が秀吉に切腹を命じられると、時の会津領主・蒲生氏郷は利休の茶道が絶えるのを惜しみ、少庵を会津領内に匿った。そのときに少庵が氏郷のために造ったのが、この麟閣だ。その後、少庵は許されて京都へ帰り千家を再興、現在の表、裏、武者小路の3千家として続いている。

会津戦争後、城内の建物が取り壊される際、茶人・森川善兵衛（指月庵宗久）は貴重な茶室の失われるのを惜しみ、1872（明治5）年、甲賀町にあった自宅の庭へ移築し保存した。森川は蒲生氏時代から続く薬種商の8代目で会津藩茶頭を勤めた。福島県指定の重要文化財だが、氏郷時代の建物なのだから国の重要文化財になってもおかしくない。会津若松市は1990（平成2）年、市制90年を記念して、この氏郷・少庵ゆかりの茶室を後世へ伝えるため、本丸の元の場所へ移築・復元したのである。

▼旧滝沢本陣とさざえ堂

会津若松市に観光に来て時間に余裕がある人は、旧滝沢本陣とさざえ堂、籠城戦を悩ました西軍砲塁跡がある小田山にぜひ行ってほしい。旧滝沢本陣は、藩主の参勤交代や領内巡視、藩祖保科正之を祀る土津神社への参詣の際の休息所として使用された建物で、会津戦争の際には会津藩の本営となった。飯盛山で自刃した白虎隊士中二番隊はここで藩主・容保から命を受けて戸ノ口原へ出陣して行った。建物のあちらこちらに当時の弾痕や刀傷が残り、戦いの跡が偲ばれる。主屋と座敷は国重要文化財、敷地と建物は国指定史跡になっている。

旧滝沢本陣の近くに、世界でここにしかない珍しい建物、国重要文化財のさざえ堂がある。外見と内部の構造が巻貝のサザエに似ているところからさざえ堂と呼ばれている。正式名称は円通三匝堂（えんつうさんそうどう）という。

さざえ堂は1796（寛政8）年に建立された、高さ16・5mの六角三層の建物だ。考案者は近くの寺の住職だった。かつて内部には西国三十三観音像が安置され、参拝者はこのお堂を

さざえ堂

お参りすることで三十三観音参りができると言われていた。内部は2重螺旋のスロープで、上りと下りがそれぞれ一方通行になっているため、参拝者は互いにすれ違うことはない。この特異な建築様式が評価されて1996（平成8）年に国重要文化財に指定された。さざえ堂に入ったら足元に注意を向けてほしい。スロープに階段はなく滑り止めの桟が敷かれていて、高齢者や足腰の弱い人たちが上り下りするのにやさしい造りになっている。

小田山は鶴ヶ城の南東にある標高372mの山で、鶴ヶ城が見下ろせる。頂上には、会津藩の名家老として名高い田中玄宰の墓があり、中腹には西軍砲塁跡がある。玄宰は会津藩中興の祖と言われる五代藩主・容頌の下で藩政改革に手腕を発揮、文武の振興と殖産興業で成果をあげ、藩校日新館を創設したことでも知られる。「城と日新館の見えるところに埋めよ」の遺言に従い、玄宰の墓は鶴ヶ城を見下ろす小田

山の頂上に造られた。装飾性のない位牌のような巨大な墓石には「田中玄宰墓」としか彫られていない。

田中玄宰の墓

▼鶴ヶ城の総構えの遺構・天寧寺町口土塁

墓から鶴ヶ城を望む。市街地の中に浮かぶ緑の島のように見えるのが鶴ヶ城跡だ。そこに天守閣と走り長屋がはっきり見える。籠城戦に入って3日目の8月26日、近くの極楽寺の僧侶の手引きで西軍が小田山を占拠し砲塁を築いた。鶴ヶ城天守閣までは直線距離で1500m足らず。アームストロング砲の射程距離は3600m、鶴ヶ城を見下ろして砲撃するのだから着弾観測は容易で、砲の角度や方向などの修正も難しくはなかっただろう。小田山からの砲撃が鶴ヶ城の死命を制したのだ。手引きした僧侶は戦後、会津藩士によって惨殺された。

足元の西軍の砲塁から鶴ヶ城めがけて間断なく続く砲撃を、泉下の玄宰はどう見ていたのだろうか。鶴ヶ城が1カ月の籠城戦に耐え、攻め落とされたのではなく、降伏・開城という形で会津戦争が終わったのは、玄宰と会津武士たちにとってせめてもの救いだったのかもしれない。

小田山から会津若松駅に向かう途中、鶴ヶ城の総構え（外郭）の遺構・天寧寺町口土塁（外堀内側の土塁）を見ようと思って立ち寄った。いつの間にか土塁を隠すようにアパートのような建物が立っていた。この土塁は、蒲生氏郷が1592（文禄元）年、葦名氏の黒川城を大改修し鶴ヶ城の築造に着手した際に

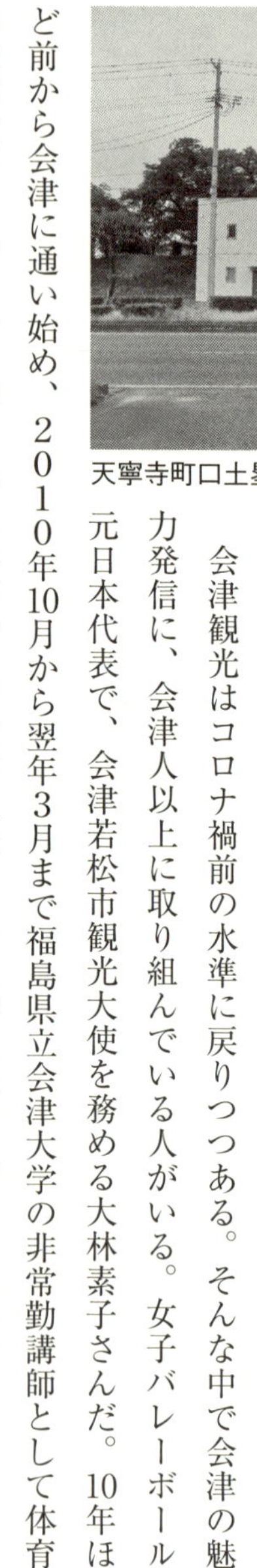

天寧寺町口土塁の上に建つアパート風の建物

造られた重要な遺構なのだ。かつては鶴ヶ城の追手として最重要地点だった。総構えの遺構は市内３カ所に残っているが、この土塁は甲賀町郭門跡の石垣とともに国指定史跡なのだ。土塁は高さ４～６ｍ、下幅15～23ｍ、長さ約１５０ｍもある。国史跡の土塁の前に建物を建てるなど言語道断、市の観光行政はどうなっているのか、と腹が立った。

▼会津若松市観光大使

会津観光はコロナ禍前の水準に戻りつつある。そんな中で会津の魅力発信に、会津人以上に取り組んでいる人がいる。女子バレーボール元日本代表で、会津若松市観光大使を務める大林素子さんだ。10年ほど前から会津に通い始め、２０１０年10月から翌年３月まで福島県立会津大学の非常勤講師として体育の授業でバレーボールを教えた。５年前からは会津と東京との二拠点生活を始めた。「市内のマンションを借りて住んでいます。年に50泊以上はするかな。東京から会津に戻ると顔見知りの人から『お帰りなさい』と言われるんですよ」と笑う。

新選組発祥の地・東京の多摩地区の育ちで、大の新選組ファン、土方歳三オタクを自認する。大林さんは新選組と会津の関係を知れば知るほど、会津が好きになったという。「会津の歴史をもっと勉強して語り部と言われるくらいになりたい。生活の基盤は９割東京ですが、大好きな会津での仕事を増やし、会津で生活できるようにする」のが当面の目標だ。「会津はお米もお酒もおいしいし、郷土料理のこづゆや棒タラの甘辛煮も好きです。自然も豊かで、人は情が厚い。会津の魅力をもっと発信し、会津と全国の懸け橋になりたい」とどこまでも前向きだ。2023年の12月、大林さんはご当地ソングのＣＤ「会津の風」（みちのくレコード）をリリースした。歌はネットの音楽サービス配信で聴ける。

歌詞には会津の名所や只見線のフレーズが出てくる。ジャケットの写真は、鮮やかな紅葉に包まれた只見川第一橋梁をバックに立つ大林さんだ。撮影したのは只見線を３００日撮る男で知られる奥会津郷土写真家・星賢孝さん。大林さんは星さんとの撮影で奥会津と只見線について知識を深め、その魅力を知った。「只見線は会津柳津までしか乗っていません。只見線全線開通直後に、星さんと会津蒲生岳に登って眺めた只見線と只見川の絶景が忘れられません。ぜひ一度は小出まで通しで乗ってみたい」。

2

七日町（なぬかまち）

会津若松観光の情報発信基地と「七日町通り」

会津若松から１・３㎞　所在地：会津若松市七日町
開業：１９３４（昭和９）年11月１日　無人駅化：１９８４（昭和59）年３月１日

始発駅の会津若松からわずか1・3㎞の一つ目の駅だ。昔も今も会津若松から乗車してすぐに七日町駅に着く感じがする。所在地名は「なのかまち」だが、駅名は「なぬかまち」と読む。会津の人たちは「なのがまち」または「なのがまぢ」と発音する。地名の由来は、毎月七日の日に市が立ったことにちなむ。

▼「駅カフェ」

長らく無人駅で駅舎は荒れていたが、駅前の七日町通りが部分的に「大正浪漫」風に復元されたのに伴い、駅舎も西洋風に改修され「駅カフェ」として営業している。100㎡ほどのカフェは、会津2市4郡・17市町村のアンテナショップにもなっていて、たいていの会津関連グッズはここで買えるのがうれしい。観光情報の発信基地でもある。元日を除いて無休というのもいい。営業時間は9時から午後6時まで。カウンターだが8席の喫茶コーナーもある。窓からは七日町駅のホームが見える。撮り鉄でなくても七日町駅で記念写真を撮りたい人に、とっておきの情報を提供したい。カフェの営業時間中は、窓から七日町駅ホームを発着する只見線と会津若松駅まで乗り入れている第三セクターの会津鉄道の列車が撮影できる。本数の少ない両線だが、カフェの営業時間中の上下の本数は撮影の機会としては十分だ。店のスタッフに頼んで窓を開けてもらい、カフェの中からホームの列車を撮影してはどうか。スタッフが忙しくなければ、窓を通してホームにいる列車を背景に撮影してもらえるかもしれない。実際、筆者はほとんど客がいない時間帯にカフェに行ったので、首尾よくホームに停車中の列車をバックに写真を撮ってもらうことができた。

ホームのすぐ先、下り方面に旧越後街道の踏切がある。かつてこの踏切には手動で上げ下げする遮断機があった。傍らに小さなポリスボックスのような人一人がやっと入れる木造の構造物があった。遮断機を上げ下げする人がここに待機していた。職名は踏切警手と言った。今も昔も本数の少ない只見線、筆者は当時子どもながら、列車の来ない時間帯に踏切番の人は何をしているのだろうと疑問に思ったものだ。

七日町駅

▼阿弥陀寺の「会津東軍墓地」

駅の向かいに阿弥陀寺がある。鶴ヶ城の唯一の遺構・御三階（おさんがい）がある。かつて本丸にあった三階建ての建物で、内部が4層になっていて密儀をする場として使われたという。二階と三階の間の梯子は三階から引き上げる構造になっている。唐破風の玄関は本丸御殿の玄関の一部という。新選組隊士の斎藤一の墓もある。

会津では長らく戊辰戦争での会津藩士の遺体の埋葬を西軍（新政府軍）が許さず、野ざらしのまま放置されたと言われてきた。7年前、会津歴史考房を主宰している野口信一さんが会津藩士埋葬の資料を発見し、会津藩降伏直後に567体の遺体を発見場所周辺の寺や墓など市内64カ所に集めて埋葬していたことが明らかにされた。資料には、埋葬場所や埋葬経費なども詳細に記録されている。阿弥陀寺は埋葬場所の一つで、1280体が合葬されている。「会津東軍墓地」の立派な石柱が立っている。

七日町駅前にある御三階

▼竹のスケート「きんぺ」

会津に住む人が会津に愛着を持つのは当然だが、会津以外の地に住み会津には帰るべき家がなくなってしまった人は結構いる。こうした人たちから会津のことを聞くと、歳を重ねるごとに会津への郷愁が募るように感じる。筆者の東京の自宅（西東京市）近くに住む80代の先輩は七日町通りで生まれ育ち、高校を卒業してからはずっと会津を離れて暮らしてきた。七日町通りにはすでに生家はなく、会津に帰ってもホテルか旅館に泊まるという。

戦後間もなくのころの七日町通りについて「通りからちょっと入ったところに常光寺というお寺がある。子どもの遊び場だった。境内はそんなに広くないが、そこにサーカスや見世物小屋がかかった。生きたワニを見世物小屋で初めて見た。盆踊りは最後の日は徹夜で踊っていた」となつかしみながら語ってくれた。そして驚愕の一言が飛び出した。「鈴木さん、『きんぺ』って知ってる?」。すぐに答えられる人は80歳以上の年配者だろう。今では事実上の死語だ。孟宗竹を二つに切り割り、切り口を下にして上に鼻緒を付けただけの竹のスケート。子どもはこれで硬い雪や氷の上を滑って遊んだ。

この先輩によると、敗戦後まもなくの七日町通りは未舗装で、大町四ツ角までは今よりずっと急な坂道だった。「きんぺ」を履いて木炭車のバスの後ろにつかまり、大町四ツ角まで滑り上がって行く。戻りは坂を下るので結構スピードが出たそうだ。現物が残っている家を探すのは不可能なので、福島県立博物館（鶴ヶ城三の丸跡）にあるか問い合わせた。幸い7足あることがわかったので、写真に撮って送ってもらった。下駄に鉄の刃を付けた「けろり」または「げろりん」とも呼ばれる下駄スケートもあった。

きんぺ(ケロリ)　提供・福島県立博物館

▼七日町通りの郷土料理店「渋川問屋」

駅前から始まる約700mの七日町通りを大町四ツ角まで歩いてみた。七日町通りはかつて大町四ツ角を起点とする会津五街道のうち越後街道と米沢街道が通っていた。会津城下の西の玄関口として、阿弥陀寺付近には町の玄関である木戸があり、問屋、旅籠、料理屋などが立ち並び栄えた。明治から昭和初期に建てられた蔵や洋館、木造の商家があちこちに残っている。1994（平成6）年から七日町通りに残る古い良いものを生かして街を再生しようと努力を続けている「七日町通り協議会」の活動の成果だ。七日町駅の駅舎もその一環として２００２（平成14）年7月28日、「大正浪漫」風の洋館に改修され「駅カフェ」が開業した。

大正浪漫漂う街並みと言いたいところだが、古い建物と新しい建物が混在しているので、過大に期待すべきではない。蕎麦屋、会津名物の田楽を食べられる店などがあるかと思うと、スイーツ店にフレンチ、イタリアンのレストランもある。そこに会津伝統の漆器や絵ろうそくを商う店、造り酒屋も混じる七日町通りは、悪く言えば雑多、良く言えばバラエティーに富んでいるというところか。

筆者は郷土料理の食事処で知られる渋川問屋でよく昼食を食べる。渋川問屋は、かつて海のない会津で唯一の海産物問屋だった。現在の建物は明治期に建てられたもので、外観は往時のままだ。いまはその店舗が食事処になっている。総二階建ての店舗は、通りの反対側からでないと写真に収まらない豪壮な建物だ。

今回は大漁の間というところに通された。大きな囲炉裏が切ってある。かつての大店の雰囲気が伝わってくる。畳敷きの上に和風の4人掛けのテーブルがあり30人が座れる。時刻は11時半を回っていたが、平日のためか客は筆者の他は2人連れが一組だけだった。

郷土料理の店なので身欠きニシンの山椒漬けや昆布巻き、棒タラの煮物を食べようとメニューを見た。八重御膳を注文した。御膳の名前がちょっと気になった。まさかＮＨＫ大河ドラマ「八重の桜」の山本八重とは関係あるまいと思い、名前の由来を聞くのは思いとどまった。食前酒は名倉山の濁り酒、先付は松前漬け、会津郷土料理の三点盛りは身欠きニシンの山椒漬けと昆布巻き、棒タラの煮物、こづゆ、会津ステーキ80ｇ、ご飯はひとめぼれ、水菓子はリンゴ、これにコーヒーが付いた。税込み３６００円。予算を大幅にオーバーした昼食だったが、故郷・会津のためになにがしかの寄与をしたのではないかと自分を納得させた。もちろん味は満足のいくレベルだった。

歴史好きの人には、食事の後二階に上がることを進める。二・二六事件で死刑になった民間人の一人に、この家の長男だった渋川善助がいる。二階には渋川ゆかりの六畳の部屋が保存されている。渋川の遺書や写真の展示もある。作家の三島由紀夫はこの部屋を「憂国の間」と名付けた。店のスタッフに頼めば見せてもらえる。

▼「会津三方道路」——福島県令・三島通庸の強引なやり方

大町四ツ角にはかつて青銅製の「会津新道碑」があった。薩摩出身の福島県令・三島通庸が強行した「会津三方道路」の完成を記念した碑だ。三島は1882(明治15)年2月、福島県令に着任するとすぐに、大町四ツ角を起点に新潟(越後街道)、米沢(米沢街道)、日光(日光街道)の三方面の道路の道幅を拡幅・整備するという大事業を強引なやり方で進めた。全会津の住民、満15歳以上60歳以下の男女は一人につき毎月1日、2年間を役夫として働かせる、役夫として出ない者には、男は1日15銭、女は10銭の割で強制的に拠出させるという無茶苦茶なやり方だった。

三方道路は現在の国道の原型になっている。米沢街道と日光街道は国道121号、越後街道は国道49号に。三方道路は1882(明治15)年8月17日に起工、1884(明治17)年8月に竣工、同年10月27日に開道式が行なわれ、碑は1886(明治19)年8月に建てられた。碑には工事の内容が記されている。

道路の長さ：若松から栃木県境まで16里30町(約68㎞)、新潟県境まで24余里(約96㎞)、山形県境まで11里余(約44㎞)。

人夫の総人数：82万5340人、代役者の出資金額：21万6630円、官の補助額：16万680円、地税補塡額：1万円、寄附金額：7万5320円、合計金額：46万2630円。

碑に刻まれた工事内容を引用したのは、三島の業績を称賛するためではない。数字だけでは事の真実が伝わらないことを言いたいからだ。月1日の労役と言っても、会津では冬の積雪のある時期や春先の工事は不可能で、工事期間は夏と秋に集中する。そのためこの期間は月2日になることが多かった。工事現場に行くのにもバスも汽車もない時代なので歩いていくことになる。朝は暗いうちに家を出て、帰ってくるのは暗くなってからだった。今のように建設機械のない時代、鍬や鶴嘴を使っての工事は重労働だった。労役に出られない女性や病気や体の弱い男性まで代役金を徴収されたのだ。

当時の会津は、三方道路の起工前から会津北部の喜多方を中心に会津自由党による自由民権運動が広がっていた。三方道路の建設は自由民権運動との対立を激化させ、1882（明治15）年11月28日、世に有名な喜多方事件（福島事件）として爆発した。

ちなみに当時の1円は、現在の貨幣価値に換算すると2万円程度になるという。

碑は後に阿弥陀寺の境内に移され、大仏とともに第二次大戦中に金属供出に遭い消滅した。幸い碑文は拓本に取られ掛け軸として現存し、市立会津図書館が保管している。拓本の大きさだけでも縦259・4㎝、横129・6㎝にもなる。七日町駅開設記念碑の台座として現存する碑の台座は、一見して岩の塊のように見える。拓本と台座から碑は相当な大きさだったことがわかる。

▼飲むお菓子「ここのへ（九重）」

七日町通りでは子どものころに普通に飲んでいた「ここのへ（九重）」を買おうとしたが見つからな

かった。製造元は喜多方市塩川町にある創業1894（明治27）年の「九重本舗 奈良屋」。九重はあられ状のもち米に柚子、ブドウ、緑茶の風味を糖衣でコーティングした粒状の直径3㎜ほどのお菓子で、「飲むお菓子」と言われている。湯呑に小さじで2～3杯入れてお湯を注ぎ、プチプチと音を立てて粒が浮いてきたら飲む。筆者の好みは柚子味。ミモザの花よりも一回り小さく、鮮やかな薄黄色の粒がお湯に溶けて、ほんのりとした柚子の香りが上品で優しい甘さを引き立てる。

九重が七日町通りで見つからなかったので、1本東側のメインストリートの神明通りでも探したが、ここでもダメだった。思い余って奈良屋に電話して買えるところを聞いた。会津若松駅内の売店と鶴ヶ城天守閣内の売店、ヨークベニマルの3カ所で買えるとのこと。製造の全過程が手作業であること、生産量が少ないことからネット通販はしていない。九重は若松駅内の売店で買えた。

駅改札から只見線のホームに向かう途中、万歩計を見たら1万1千歩になっていた。若松観光を楽しむには歩くのがいちばんだ。

3

西若松（にしわかまつ）

只見線と会津鉄道が乗り入れる共同使用駅

会津若松から3・1km　所在地：会津若松市材木町
開業：1926（大正15）年10月15日　無人駅化：1993（平成5）年12月1日

駅西口の周辺は、藩政時代、鷹の餌の小鳥を捕るのを生業とする人たちが住んでいたので、餌鷹町と呼ばれていた。ここは会津戦争からわずか2年後、遠いアメリカに渡り19歳の命を散らした会津の少女、おけいの物語の舞台なのだ。餌鷹町にはかつてプロイセン国籍でドイツ人の武器商人・会津藩軍事顧問を務めたヘンリー・スネルの洋館があった。

▼会津藩軍事顧問ヘンリー・スネルの洋館跡

スネルは藩主・松平容保の信頼が厚く、平松武兵衛という名前を与えられ、和装帯刀して会津藩士の軍事訓練も行なった。1869（明治2）年5月、スネルは会津藩士とその家族を含む移民団（人数には諸説ある）を率いて米国カリフォルニア州に渡り、エル・ドラド郡ゴールド・ヒルという場所に農地を買い取り「Wakamatsu Tea and Silk Colony」（通称・若松コロニー）を創設した。

移民団の中にスネル邸で子守り兼女中として働いていた17歳のおけいがいた。コロニーの場所は農地に適さなかったのか、会津から持参した桑や茶の苗木は枯れ、コロニーは失敗に終わった。移民団は解散し、団員は離散した。おけいは近くの農家に引き取られたが、熱病に罹り19歳の若さで異郷の土となった。おけいの墓はゴールド・ヒルの丘にあるが、1957（昭和32）年、故郷・会津若松市の背炙山にゴールド・ヒルの墓と同じものが建立された。移民団の人たちは長らく米国本土への日本人最初の移民とされていたが、現在は先行者がいたことが判明している。

スネルの洋館の跡には和風建築の家が建っていた。持ち主が「元会津藩軍事顧問 スネル邸跡」というB5版4ページの私家版パンフレットを作っていた。パンフレットには「昭和60（1985）年現在」とある。筆者は10年ほど前、持ち主の案内でスネル邸の庭跡を見せてもらったことがある。庭内にあったという瓢箪池が復元されていて、周りにはスネルが住んでいた当時からあったものと思われるエゾエノキ、キハダ、ヤマモミジ、キャラボクなどの庭木があった。特に山地に生え、内樹皮が生薬になる落葉高木のキハダは、幹の直径が30㎝以上もあり、持ち主が「平地でこんなに育つのは珍しい」と説明してくれたのを覚えている。数年前に人手に渡り新しい家々が建ち並び、池や木々も失われスネル邸跡を偲べるものは何も残っていない。邸跡を表示する案内板も家並みの中に埋もれていて探すのに苦労した。市や観光協会がスネル邸跡を買い取り、記念の公園として残す選択肢はなかったのだろうか。

▼県立会津高校野球部の快挙

西若松駅は進学校で知られる県立会津高校の生徒たちが通学に利用する。その会津高（会高）が65年前の1959（昭和34）年の春、第31回選抜高等学校野球大会（センバツ・春の甲子園）に初出場した。野球部創部（1895年＝明治28年）以来の夢が叶った。福島県勢としても初出場だった。この年の会津は、会津若松市制60周年（4月1日に記念式典）、皇太子（現上皇）の成婚式（同10日）が人々の話題になっていた。会高の快挙はそれ以上に人々の耳目を集め、会津中が興奮の坩堝と化したのを覚えている。

福島県で冬期間に積雪があるのは会津だけ。当時は今よりも降る雪の量は多く、積雪の期間も長かった。その分、野外で練習できる期間は、県内他の地方の浜通りや中通りに比べて短くなる。このハンディは大きく、会津勢が県高校野球大会で優勝したことがなかった。それがいきなり選抜出場となったのだから、大騒ぎしないのがおかしい。

春の甲子園の前年秋、会高は県大会で優勝した（県大会で会津勢が優勝したのはこれだけ）。県大会優勝に続き東北地区高校野球大会でも優勝していたので、センバツ出場は約束されていた。会高が東北代表として出場決定が正式に決まったのは、年が明けて1月26日だった。翌日の福島民報は1面で「選抜高校野球　東北代表に会高　多年の夢いま実る　喜びにわく全校生徒」と五段抜きで報じた。

大会は4月1日からだったが、会高野球部員たちが甲子園に向けて会津を発ったのは3月11日だった。冬の間の練習不足を少しでも補って万全の状態で大会に臨んでほしい、と東京後援会の人たちが東京の二子玉川に練習場や宿舎を用意してくれたからだ。11日朝8時30分から会津若松駅前で全在校生による盛大な必勝祈願や壮行会が開かれた。ホームでは応援団など約２００人が応援歌を斉唱する中、会高野球部員たちは9時14分の上り列車で東京へ向かった。東京では二子玉川の練習場や駒沢球場で15日間の猛練習を積み重ね、甲子園での戦いに備えた。

そんな部員たちを思いもよらぬ不幸が襲った。甲子園初出場まで会高野球部を育て上げてきた斎藤秀松監督が、二子玉川での合宿中の3月29日夜急逝したのだ。監督亡き後、鈴木静一部長と津島新光後任監督、部員一同は悲しみを胸に秘めながら一致団結、甲子園でベストを尽くすことを誓い合った。エースで4番を務めた黒岩正明さんは「会津の練習ではろくにボールも握れなかったので、東京での合宿はありがたかった。費用一切を東京後援会が負担してくれた」と当時を振り返る。

応援団は70人で、4月1日午前9時23分発下り磐越西線の列車で新潟県の新津駅を経て、翌2日午前7時50分に大阪駅に到着したというから、日本海側を信越、北陸、東海道の3本線を乗り継いで行ったに違いない。いまだったら大型バスを何台も連ねて大応団が甲子園に乗り込むところだ。応援団は最終的には約250人に増えた。

4月1日の開会式入場行進では、出場23校中15番目に登場。ユニホームの校名はアルファベットで「AIZU」。斎藤監督の遺影を胸に、左袖に黒いリボンの喪章をつけたナインは、堂々の入場行進で盛大な拍手を受けた。スタンドでは「会津高校」と書かれた風船も舞った。

対兵庫県立尼崎高校戦は大会2日目の第二試合。一塁側ベンチでは、鈴木部長の胸に抱かれた斎藤監督の遺影が試合を見守る。ベンチの上のアルプススタンドには会津から駆け付けた応援団が陣取り、その最前列に白虎隊姿の3人が並んだ。兵庫県立兵庫工業高校ブラスバンド部の友情演奏もあった。プレイボール。約6万の大観衆を前に黒岩投手は「緊張することもなく普段と変わらずに落ち着いていた。60年以上も前のことなので、残念ながら初球の球種は覚えていない」とのこと。黒岩投手は左の本格派だが、豪速球で勝負するタイプではなく「打たせてとるピッチング」（黒岩さん）だった。

先攻の尼崎に対し、1回は2三振を奪い零点に抑える上々の出だしだった。2回満塁のピンチに味方のエラーで2点を先取されるも、腐ることなく淡々と投げ続けた。「点は取られたが投球は回を追うごとによくなっていると思っていた」（黒岩さん）が、8回にソロホームランを打たれ3対0のスコアで初戦突破はならなかった。打たれたヒットはわずか4本、奪三振10個のナイスピッチングだった。エラーがなければ勝つチャンスがあったかもしれないが、味方打線が相手投手に2安打に抑えられては勝てない。会高最後のバッターは奇しくも黒岩さんだった。セカンドフライでゲームセット。黒岩さんと会高野球部の甲子園は終わった。黒岩さんから会津球児たちへのメッセージ。「いまでも練習量で雪国のハンディはあると思うが、練習を怠らず、自分たちの力を信じて頑張ってほしい」。

故斎藤監督の告別式は、会高野球部が甲子園から帰るのを待って4月7日に市内道場小路町の観音寺で盛大に行なわれた。

会津若松市内に県立高校は5校あるが、若松女子高校（若女、現・会津学鳳高校）は鶴ヶ城西出丸と北出丸の濠に面していた。筆者はいつもその立地の良さをうらやましく思っていた。若女の卒業生で埼玉県に住む山下由美枝さんは「教室の窓からいつも鶴ヶ城を見ていました。桜の満開のころはもちろんですが、冬の雪に包まれた鶴ヶ城もきれいでした。美術の時間はしょっちゅうお城に行っていました。最高の場所で3年間過ごせて幸せでした」と高校時代を懐かしく振り返る。そして今では考えられない青春のエピソードを披露してくれた。「当時は若商（県立若松商業高校）を除いて男女別だったので、高校生の男女の出会いは鶴ヶ城だったのです。男子校からクラス単位での交際を申し込まれたこともあります」。

▼会津鉄道会津線を経由するルート

東京から会津若松に行くには東北新幹線に乗り、郡山で磐越西線に乗り換えて行くのが普通だ。意外に知られていないのが、東武鉄道浅草から特急で会津鉄道会津線の会津田島まで行き、会津田島から会津若松に行くコースだ。会津線は西若松－会津高原尾瀬口を結ぶ路線だが、上りは西若松からは只見線を使って会津若松まで乗り入れている。時間に余裕があるとき、筆者はときどきこのコースを利用する。特に新緑と紅葉の季節は、栃木県側の鬼怒川渓谷と会津側の大川（阿賀川）渓谷の両方の絶景を楽しめるからだ。

西若松駅は只見線では珍しい橋上駅で、2005（平成17）年に完成した駅舎内に駅の東西を結ぶ自由通路があり、歩行者と二輪車が通行できる。只見線と会津鉄道の会津線が乗り入れる共同使用駅で、改札は両社で共用している。駅は会津若松市の南端にあり、鶴ヶ城の最寄り駅だ。かつて駅名を「鶴ヶ城」に変更しようという動きがあったが、観光客がわざわざ西若松駅で降りて鶴ヶ城に行くことはほとんどないので、駅名変更の話はいつしか立ち消えになった。

▼会津田島祇園祭

只見線からは外れるが、南会津町田島町で毎年7月22日から24日にかけて行なわれる会津田島祇園祭は行ってみる価値がある。京都市八坂神社の祇園祭、福岡市櫛田神社の博多祇園山笠と並ぶ日本三大祇園祭の一つで、800年以上続く伝統行事として国の重要無形文化財にも指定されている。屋台の上で子どもたちが演ずる屋台歌舞伎（22日）、様々な色鮮やかな花嫁衣装をまとった若い女性たちが、縦一列に並んで通りを練り歩く花嫁行列（23日）など見どころ満載の祭りだ。

2024年の参加者は延べ5万7000人だった。祭りの期間中、会場となる田島町のメインストリートは、露店が並び身動きできないほどだ。西若松駅から会津鉄道会津線で東京方面に向かうと、約1時間で最寄り駅の会津田島駅に着く。

4

会津本郷（あいづほんごう）

焼き物の里、歴史と信仰が息づく

会津本郷駅：会津若松から6・5km　所在地：会津若松市北会津町上米塚
開業：1926（大正15）年10月15日　無人駅化：1993（平成5）年12月1日

只見線は、西若松を出て会津本郷の手前で大川（阿賀川）を渡る。この鉄橋は、只見線で最長の「大川橋梁」で436mある。

駅の所在地は会津若松市北会津町で、駅名は会津本郷。計画では、駅は当時の北会津村に作る予定だった。駅の周りはほとんど何もない田園地帯だ。駅から町の中心部まで1500mも離れており、利用者には不便極まりない。本郷町の人たちは「それでは駅が町から遠すぎる。町に近いところに造ってほしい」と陳情を繰り返したが認められず、駅名は会津本郷、所在地は北会津村ということで妥協が成立した。

▼伝統の本郷焼

焼き物の里、歴史と信仰が息づく街――が本郷町だ。2005（平成17）年に会津高田町、新鶴村と合併し、会津美里町になるまでは会津本郷町だった。

本郷町は「会津本郷焼」として、また東北最古の焼き物の里として知られる。瓦焼の流れをくむ土物（陶器）と、大久保陶石を原料とした石物（磁器）が一つの街で行なわれているのは、全国的にも珍しい。石を原料とした焼き物の産地としては関東以北唯一で、全盛期には大小合わせて100以上の窯元があった。

本郷焼の起こりは古く、1593（文禄2）年、時の領主・蒲生氏郷が黒川城を大改修するに当たって、城郭の屋根を瓦葺きとするため、播磨国（兵庫）から瓦工を招き、黒瓦を製造したのが始まりとされる。さらに、1645（正保2）年、会津藩主・保科正之が尾張国瀬戸出身の陶工・水野源左衛門を招き、水野が本郷村に陶土を発見、本格的に陶器製造を始めたのが本郷焼陶器の起源となった。1800（寛政12）年には白磁の製法も開発され、会津藩の保護もあり幕末には本郷の陶業は大いに繁栄した。

▼2度の大火に屈せず街並みと窯を再建

だが、会津戦争では陶工が藩士として出陣した留守に、本郷は戦火に巻き込まれ、街も窯も灰燼に帰し、再起不能の状態に陥った。戦後、再起を誓う陶工たちと本郷が全村一丸となって努力した結果、10年を経ずして復興を成し遂げ、明治中期頃には陶磁器を欧米各国に輸出するまでになった。ところが、1916（大正5）年による大火で製陶工場の大半を焼失、再び窮地に陥ったものの、街町の人たちの不屈の精神で、今に残る街並みを復興させた。

本郷焼は約400年の伝統で培われた技術により、白の肌と優雅な文様の磁器は高い評価を受けている。本郷陶磁器の名を高めたのが、1958（昭和33）年ブリュッセル万国博覧会で宗像窯の「にしん鉢」がグランプリを獲得したことだ。鉢は会津の郷土食ニシンの山椒漬けを作る器で、その素朴な味わいがグランプリ受賞により、世界に知られるきっかけとなった。鉢は実際の生活に使われており、筆者にとっては〝会津〟をいちばん感じさせられる品だ。

陶器も素朴な美しさと使い勝手の良さに、定評がある。特に急須は、明治末期に本郷の陶工が茶漉しの部分を発明し、お茶の出がよいことで日本一の折紙が付いている。土瓶、目皿、花器も人気がある。

▼手捻りや轆轤を使って絵付けまでの作業が体験できる

この実績と伝承が認められ1993（平成5）年、会津本郷焼は陶器・磁器ともに伝統的工芸品産地として通商産業省（現在の経済産業省）の指定を受けている。

瀬戸町にある会津本郷陶磁器会館では、13の窯元がそれぞれ個性的な焼物を展示・販売している。13の窯元の作品を見て好みの窯元を訪ねるのもいい。陶磁器会館では焼き物の体験もできる。手捻りや轆轤(ろくろ)を使って絵付けまでの一連の作業が体験できるため、個人や団体がほとんど毎日訪れる。世界にたった一つの焼き物が作れると好評だ。

また、「会津本郷せと市」は毎年8月4日の1日だが、8月5日から15日までの2週間は「会津本郷焼窯元巡りスタンプラリー」が開かれ、全国から訪れる多くの人たちでにぎわう。期間中は、各窯元の店舗で「せと市価格」（通常の価格から1～3割引き）での販売や、お買い得品の販売を行なう。

▼全国屈指の規模を誇る向羽黒山城跡

お城ファンの間で最近、人気急上昇中なのが国史跡の向羽黒山城跡だ。会津の歴代領主、葦名、伊達、蒲生、上杉氏によって16世紀末まで拡張整備が行なわれた全国屈指の最大規模を誇っている。鶴ヶ城からは阿賀川を挟み南に6㎞のところにあり、向羽黒山（通称・岩崎山408・6ｍ）の丘陵を生かした天然の要害で、本丸は向羽黒山の山頂部にある。

上杉氏時代は、徳川家康に対抗し守りを固めるための大改修がなされた。大堀切、枡形虎口、土塁などが山全体に隙間なく配置され、遺構の多くがそのまま残されている。当時の縄張りが残る貴重な山城として発掘調査が続けられている。

現在、城跡一帯は白鳳山公園として整備され、麓の本郷地区のインフォメーションセンターから山上の二曲輪周辺まで車道が通じている。二曲輪広場と御茶屋場曲輪からは、磐梯山や飯豊山をはじめ会津盆地が一望に見渡せ、軍事上だけでなく国を治めるうえでの要衝だったことがよくわかる。

二曲輪広場にあるウコン桜は見逃せない。満開の花が3度見られる桜として人気がある。江戸時代以前からある栽培品種サトザクラの一種で、黄色、黄緑、緑色系の花を咲かせる珍しい桜だ。黄緑（淡黄色）に見えることが多く、ショウガ科のウコンの根を染料に用いた鬱金（うこん）に似ているためウコン桜と呼ばれる。

樹形は高木の盃状、八重咲の大輪の花をつける八重桜で、ソメイヨシノが終わったころに咲き始める。花弁は30から40もあり、花の色は初め淡黄色で白に変わり、花期の終わりにはピンクになる。「優れた美人」の花言葉に恥じない、気品の良さを感じさせる桜だ。

▼会津の清水寺「左下観音堂」

向羽黒山城跡の南に左下（さくだり）観音堂がある。岩壁を開削して構築した見事な三層閣で五間（約9ｍ）四方、高さ四丈八尺（約14・5ｍ）、東向きで廻り縁がある。会津の清水寺とも言われる。建立は８３０（天長7）年とされる古刹で、室町時代に造営された観音堂は、崖などの高低差が大きい土地に、長い柱や垂直材間に通す水平材（貫）で床下を固定し、その上に建物を建てる建築様式（懸造＝かけづくり）として貴重な建物だ。現在の観音堂は南北朝時代の１３５８（延文3）年に改修されたもので、２０１４（平成26）年に福島県重要文化財に指定にされた。三層目からの会津盆地の眺望がすばらしい。内部の柱の中からいちばん短い柱を見つけると、幸福がもたらされるという言い伝えがある。

本尊は聖観音だが、本尊のほかに秘仏の石像の無頸（くびなし）観音が安置されている。延長年間（923～929年）、越後から逃れてきた人が、この観音堂に身を潜めたが、追手に捕まり首を切り落とされた。追手が首を持ち帰り主人の前に差し出すと、その人の首ではなく観音の石頸だった。首を切り落とされた観音は、その後「無頸観音」といわれいまもなお信仰を集めている。

左下観音堂

5

会津高田（あいづたかだ）

地域起こしと只見線応援の場・元映画館「新富座」

会津高田駅：会津若松から11・3㎞　所在地：大沼郡会津美里町柳台甲
開業：1926（大正15）年10月15日　無人駅化：1993（平成5）年12月1日

映画館だった建物が映画文化を中心とする地域起こしと只見線応援の場として再生されつつある。会津美里町にある新富座だ。2012（平成24）年に会津若松市の会津東宝劇場が閉館し、会津地方には映画館がなくなってしまった。映画館だった建物も残っているのは会津美里町にある新富座だけだ。

この新富座の利活用に「会津新富座と歩む会」が取り組んでいる。誰もが映画の歴史や文化を理解し、映画の魅力を再発見できる場、地域の人たちが気軽に立ち寄れる場所、只見線応援の基地をめざしている。

▼映写室に残る配電盤やフィルム巻き戻し機も当時のまま

新富座は1973（昭和48）年の閉館から50年以上も経っているのに、外見から古さは全く感じられず、現役の映画館としても通用する。鉄骨造り一部2階建ての建物は、1階の床面積1000㎡、2階は300㎡もある。建てられた1960（昭和35）年当時は最高の耐震工法による建築で、東日本大震災にもびくともしなかった。客席は500あり、ステージは長さ20m、幅6mと芝居もできるように普通の映画館より大きく造られている。かつては三波春夫など著名な歌手の興行も行なわれた。

2階は映写室と特別観覧室からなる。映写室は閉館まで使われていたカーボン式35㎜映写機が取り外されずにそのまま残っている。階段の幅が狭くて運び出せなかったらしい。映写室には配電盤やフィルム巻き戻し機も当時の状態のままで、フィルムの切れ端もぶら下がっている。まるで映画が終わった直後の映写室のようだ。机の上には濃いセピア色に変色した新聞があり、昭和48年3月27日の日付が読み取れる。新聞名は「自由新報」、自民党の機関紙だ。映写技師は自民党支持者だったのかもしれない。新富座は昭和48年に閉館したことがわかっているが、正確な月日は不明だった。新聞は閉館月日が類推できる貴重な資料だ。友人の映画関係者に話したら、「映写室をセットにした映画を撮りたい。とにかく一度見に行きたい」と驚きの様子だった。

新富座はいま「会津新富座と歩む会」が運営している。歩む会が発足したのは5年前。きっかけは2019(令和元)年の4月、齋藤成徳さん(73歳)と地元のアマチュア漫画家・白井祥隆(73歳)さんの出会いからだった。2人は会津若松市で開かれていたイラスト展で知り合った。齋藤さんが映画と音楽に関する資料の収集家で、収集品を収納する場を探していることを知った白井さんが、齋藤さんを新富座に連れて行った。新富座を一目見て、齋藤さんは借りることを決め、所有者との交渉を白井さんに依頼した。白井さんが所有者と交渉すると、所有者は「映画に熱い思いのある人が祖父と父の残してくれた映画館を再生してくれるなら」とすぐに承諾してくれた。しかも「当面家賃はなし。支払いは運営が軌道に乗ってから」という破格の条件で借りられた。

▼映画関係のチラシ、ポスター、絵看板の常設展示場へ

歩む会と白井さんが新富座再生に取り組んでいることが知られるにつれて、賛同する人が集まり始め、歩む会が発足した。歩む会は当面、新富座を齋藤さんが集めた膨大な映画関係のチラシ、ポスター、絵

新富座の内部

看板の常設展示場として整備を進めている。また、新富座は現在、毎月土曜日と日曜日の午前10時から午後4時まで会員が常駐しているが、地域の人たちが気軽に立ち寄れる場にするため、将来は毎日、誰かがいるようにしたいという。

新富座の中は映画ワールド。映画の黄金時代、昭和30年代（1955～65年）にタイムスリップしたような気分にしてくれる。昔懐かしい洋画や邦画の名場面のスチール写真、ポスター、絵看板など数千点に及ぶ。齋藤さん本人もいくらあるかわからないという。スチール写真と絵看板が部屋の壁のあちこちに架かっており、通路の壁にも立てかけられている。それもみな特大サイズばかりだ。ポスターに至っては、黒澤明のほぼ全作品、日活映画黄金期の作品、東映時代劇、東宝映画の名画の数々、洋画の名作などが揃っている。これらはすべて斎藤さんのコレクションだ。

ポスターは印刷物だが、絵看板はすべてオンリーワン。文化財級の価値がある。広い館内の壁全体に絵看板を取り付ける作業が続けられている。事務所として使っている部屋は、壁一面に隙間なくレコードのジャケットがタイルのように貼られている。これでもコレクションの一部に過ぎない。レコードだけで数万枚あるそうで、SP、LP、EP、すべての種類がそろっていて、整理して展示する予定だという。

▼会津高田駅前に寅さんシリーズのロケ地看板を設置

只見線との関係では、只見線の全線再開通に合わせ、会津高田駅前に寅さんシリーズのロケ地看板を設置した。1985（昭和60）年公開の映画・寅さんシリーズ『男はつらいよ 柴又より愛を込めて』（第36作）には只見線の会津高田、根岸の両駅周辺と柳津町の名所が登場する。この看板は、ロケ地を巡り歩く映画ファンのために設置した。コンクリートの土台に鉄骨造り、画面の大きさは横120㎝、縦70㎝もある。「男はつらいよ 柴又より愛を込めて～ 第36作 よく来たね 会津高田駅」の文字に、寅さんのイラストと拍子木が描かれ、映画の3シーンの写真も入っていて、看板の下枠はフィルム模様という凝った作りだ。画面はインジェクタープリントで処理されているので、20年以上色は褪せないという。看板の前には花壇が作られ、県立会津西陵高校の生徒たちがボランティアで定期的に世話をしている。

只見線が全線再開通した2022（令和4）年10月1日には、歩む会の会員たちは寅さんシリーズに出演した俳優の服装で只見線の列車に手を振った。こうした取り組みが評価されて、2023（令和5）年10月には只見線の利活用に尽力した団体として表彰された。

▼会津の地名発祥の地「会津総鎮守・伊佐須美神社」

駅のある会津美里町（旧会津高田町）は会津の地名発祥の地。古い歴史を持つ会津総鎮守・伊佐須美神社の鳥居前町でもある。会津の地名は早くも日本最古の歴史書・古事記（712年）に「相津」（会津）として現れる。古事記に東北地方で地名があるのは会津だけだ。

会津の地名は、崇神天皇の時代、大和朝廷が支配領域を拡大するため4人の将軍（四道将軍）を全国に派遣し、北陸道に派遣された大毘古命（おおひこのみこと）と東海道に派遣された建沼河別命（たけぬなかわわけのみこと）の親子が出会った地が相津だった、という伝説に由来している。相津が後に会津へと変化したといわれている。

大毘古命と建沼河別命の2人が、国家鎮護神を祀ったのが伊佐須美神社の始まりとされる。社殿は2008（平成20）年の火災で焼失し、現在は仮社殿を設け再建が進められている。

伊佐須美神社は戦国大名・葦名家や会津松平家から篤く信仰され、社殿の修改築や社領、宝物など多くの寄進が寄せられてきた。人々の間では、古くから商売繁盛、豊作祈願、厄除け開運などにご利益があると信じられてきた。宝物殿には国重要文化財「朱漆金銅装神輿」（室町時代）をはじめ約500点の宝物が収められている。

内苑と外苑合わせて6haを超える広い境内には鬱蒼とした社叢が広がり、静寂さが支配している。境内の林は神域として立ち入りが禁じられていたため自然林がよく残っており、境内全域が福島県の緑の文化財に指定されている。会津美里町出身で、家康、秀忠、家光の徳川氏三代に仕えた天海僧正が植えたとされるヒノキは、幹周4m以上の大木で、傍らにある藤の老樹「飛竜の藤」とともに境内のパワースポットとして人気がある。

6

根岸（ねぎし）

野口英世の母も信仰した「中田観音」

根岸駅：会津若松から14・8㎞　所在地：大沼郡会津美里町米田
開業：1934（昭和9）年11月1日、開業時から無人

若い娘の腰巻が浮島になったという伝説が残る神秘的な沼が、駅南側の山中にある。浮島が沼の蓋のように見えるので蓋沼という。福島県の天然記念物に指定されている。

▼「蓋沼」の伝説

蓋沼は深い森に囲まれた擂鉢状の地形の底にある。直径約100m、短径約56mの楕円形の沼で水深は5m弱。浮島の大きさは約直径78m、短径約40mのやはり楕円形で、風の影響を受けて沼の中を移動する。浮島はミズゴケや植物の根茎が泥炭化したもので、厚さは1・6～1・8mある。人が上に乗るとふわふわしてスポンジの上にいるような感じがする。乗ることは禁止されていないが、割れ目があるうえにぬかりやすいので乗らないに越したことはない。浮島にはサギソウ、トキソウ、マルハノモウセンゴケなど貴重な湿生植物が生えている。町や観光協会では浮島に乗らないよう勧めている。

沼にはモリアオガエルやハッチョウトンボなども生息し、周囲の森ではオオルリ、ウグイス、キジなど多くの野鳥が棲み、バードウォチャーに人気がある。

腰巻伝説を紹介する。沼の麓の里に美しい娘がいて毎日、雄沼（おぬま）、雌沼（めぬま）と呼ばれる

2つの大きな沼のほとりを通り、奥山まで柴刈りに行っていた。雄沼には大亀、雌沼には大蛇が棲んでいると言われていた。娘はこれらの沼のほとりを通る時、自分の姿を水面に映し、髪かたちを直していた。いつしか娘に恋心を抱いた雄沼の大亀がある時、娘を抱いて沼の底に連れ去ってしまった。その時に娘が身に着けていた腰巻が水面に浮かび上がり、そこに植物の葉や茎がたまり浮島となり、沼に蓋をするように浮いていることから蓋沼と言われるようになったという。

筆者が子どものころに聞いた話では、戦に敗れた武将の姫君が逃げる途中で沼に身を投げ、姫君の腰巻が浮いてきて浮島になった、というものだった。どちらにせよ浮島の元が腰巻で、身に着けていた人が若い女性というのが面白い。

筆者が蓋沼に初めて来たのは小学6年生の秋だった。友達4人と麓の法用寺の脇道からほとんどやぶ漕ぎ状態で山道を登り、やっとのことでたどり着いた。子どもだったので体重が軽かったため、浮島に乗ってもそんなにぬからなかった。確か膝と足首の中間より少し上までくらいだった。浮島の上で釣りをしたが、釣れるのはグロテスクなアカハライモリばかりでウンザリした。おまけに足はヒルに食いつかれて血が幾筋にもなって流れ、そのうえかゆくて仕方なかった。

▼森林公園として整備

いま蓋沼は会津美里町が整備した蓋沼森林公園の一部となっていて、車で簡単にアクセスできる。ありのままの自然を「見て、学び、泊まれる」公園（会津美里町）がキャッチコピーだけに、大人も子どもも自然に親しみながら過ごせるレクリエーション施設が充実している。

多目的広場の斜面にあり、自然の中を豪快に滑り下りる巨大なローラー滑り台は、子どもたちに大人気だ。ログハウスや山小屋などの宿泊施設に、炊事場、コインシャワー、テントハウスやオートキャンプ場、多目的学習施設、屋外ステージ、アスレチックスもある。夜間はゲートが閉鎖される。公園内には昔懐かしい五右衛門風呂があり、宿泊者は絶景を眺めながら入ることができる。

蓋沼森林公園は只見線を俯瞰できる撮影スポットとしても人気がある。会津盆地を囲む磐梯山や吾妻連峰、飯豊連峰が一望に見渡せる。春は水を張った田んぼが水鏡となり、磐梯山や周辺の景色を映し出す。秋は稲が実った田んぼが一面黄金色に染まる。

蓋沼森林公園は車なら会津高田駅から約10分、磐越道新鶴スマートインターチェンジからなら約20分で行ける。冬季の11月から3月まで公園は閉鎖される。

▼「ころり三観音」のひとつ

麓に戻り、「中田の観音様」と信仰を集めている弘安寺（中田観音）を訪ねる。会津には昔からこの寺と会津坂下町の恵隆寺（立木観音）、西会津町の如法寺（鳥追観音）の三観音を巡り、長患いをせずに往生できるように祈願すれば、苦しまずにころりと死ねるという「ころり三観音」信仰が根づいている。弘安寺はころり三観音の一つで、長患いをしないで楽に往生したい人には、ぜひお参りすることを勧める。

千円札でおなじみの会津が生んだ医聖・野口英世の母シカは、中田観音の本尊・金銅造十一面観音立像を篤く信仰した。シカは毎月17日午前1時頃にこの寺に着くようにはるばる猪苗代から歩いて来た。英世の無事と出世を祈願するため、一晩観音堂に籠り帰って行くという月参りを続けたのである。街灯も道路標識も満足にない時代、物騒な真っ暗の夜道を交通の難所・滝沢峠を下り、会津盆地の田んぼ道を歩いて来たのだが、いったい何時間かかったのだろうか。凄まじいとしか言いようのない子を思う親の心だ。後の1915（大正4）年9月15日、郷里に帰った英世が母シカ、英世生涯の恩師・小林栄の3人で、立身出世ができたことへのお礼参りに来ている。

観音堂には「抱きつき柱」があり、信者が抱きつくと何ごとも念願が叶えられると言われている。柱は長い間、多くの信者が触れたため黒光りしている。

本尊の十一面観音菩薩の脇侍は地蔵菩薩、不動明王で、一般的に観音を本尊としたときは不動明王と毘沙門天という配置となる。中田観音では左に不動尊、右に地蔵尊という全国的に珍しい配置となっている。鎌倉時代の鋳造として、国の重要文化財に指定されている。

中田の観音様（弘安寺）

▼会津で唯一、三重塔がある法用寺

中田観音にお参りしたら、近くの雀林地区にある法用寺にも行ってみたい。会津坂下町の恵隆寺に次ぐ会津で2番目に古い寺で、会津で唯一の三重塔がある。完成は江戸時代中期の1780（安永9）年。相輪（仏塔最上部の装飾）までの高さは20mを超し、初重から三重までの屋根の大きさの差が少ないのが特徴で重量感がある。寺は720（養老4）年の開基と言われ、現在の堂宇は火災に遭った後に再建されたものだ。

観音堂は江戸時代中期の1776（安永5）年に造営された建物で、木造平屋建てだが桁行6間（約11m）、張間5間（約9ｍ）もあり、観音堂としては福島県で一番大きい。内部には国指定重要文化財に指定されている鎌倉時代末期の１３１４（正和３）年に制作された「法用寺本堂内厨子および仏壇」や、平安時代に制作された金剛力士像（１対）、本尊で福島県指定文化財に指定されている十一面観音像（２躯）などが安置されている。本尊の十一面観音像は、火災に遭い炭化しているため火中仏として厨子の中に安置されており秘仏になっている。

国の重要文化財の指定を受けている2体の木造金剛力士像は、平安時代に造られた仁王像で、かつては観音堂の仁王門に祀られていたという。高さ２ｍを超すケヤキの一木造りで、装飾が少なく穏やかで控えめながら力感あふれる像だ。

会津五桜の一つの虎の尾桜もある。オオシマザクラ系サトザクラの一種で、４月末から5月の初旬にかけて花を咲かせる。名前の由来は、おしべの先端が花弁化し、細長く突き出す形が虎の尾に似ているので、珍しいサクラとして知られる。

7

新鶴（にいつる）

博士山とブナ林、オタネニンジンというお宝

会津若松から16・8㎞　所在地：大沼郡会津美里町立石田
開業：1926（大正15）年10月15日　無人駅化：1986（昭和61）年11月7日

2000（平成12）年改築の駅舎が北向きに立っている。駅舎は会津本郷、会津高田と同じデザインで、待合室とホームに通り抜けられる屋根付きの通路があるだけだ。通路の屋根は三角で、なぜか新鶴駅にだけ時計がついている。駅舎を北側から見ると、背後にうっそうと茂った杉林が見え、周りが水田地帯なのにまるで山間地にある駅のようだ。これは、只見線ではここにしか残っていない鉄道防雪林の効果で、逆に南側から見ると防雪林のためホームや駅舎は見えない。

▼ブナ林の魅力とすばらしさ

駅の背後の山は、ブナの原生林で知られる博士山だ。博士山はいくつかの峰からなる標高1482mの山塊で、会津盆地のほぼ中央に位置し、会津美里町、柳津町、昭和村の境界をなす。「会津」の地名誕生にまつわる神話の舞台でもある。山頂からは会津盆地の眺望が開けている。北に向かって磐梯山、吾妻連峰、飯豊連峰などの会津盆地を囲む山々が見渡せる。さらに南東には那須連峰も望める景勝地で、登山者にも人気のある山だ。ブナ林が山の頂上まで分布しているのは全国でもあまり例がない。道端からブナやミズナラの巨樹・巨木を簡単に見られるのはここだけだろう。ブナ林は野鳥の宝庫で、種類も数も多くク

新鶴駅の鉄道防雪林

マゲラ、ヤマセミ、キビタキ、オオルリなどの貴重な鳥も生息している。バードウォチャーなら一度は行ってみたいところだ。

このブナ林の魅力とすばらしさを知ってもらい、保存と活用の方法を多くの人に考えてもらおうと奮闘している男がいる。博士山の西麓・昭和村の山村に生まれ育った菅家薫（65歳）さんだ。菅家さんは会津美里町で温泉ホテルを経営する傍ら、ブナ林の調査と宣伝活動に忙しい。

２０２４年５月にはブナ林を散策する「春のさわやかウオーク」を実施した。菅家さんはポスターを自分で作り、昭和村と会津美里町の観光協会を通してインターネットで参加者を募った。県ウオーキング協会にも協力を要請した。準備から実施にかかった費用はほとんど持ち出しだが「自分のしたいことをしているだけなので」と、屈託のない笑顔で応える。

ウオークには福島県内外から４５７人が参加した。個人が主催し、山深いブナ林でのウオークにこんなにも多くの人が参加するのは珍しい。参加者の数もさることながら、その内訳を聞いて驚いた。県外からは山形、新潟、茨城、栃木、千葉の５県（24人）、県内からは会津10市町村（２６９人）、中通り16市町村（１４６人）、浜通り２市１村（18人）に及ぶ。アンケートの集計では、博士山とブナ林の景観を評価する声と、春と秋の２回開催を希望する声が圧倒的に多かった。

▼推定樹齢300年を超える名前のある巨木

幼いころから父親と博士山のブナ林に分け入り、炭焼きも経験した菅家さんは、ブナ林を熟知している。菅家さんの調査で、只見川の支流の源流・九々龍沢を中心にブナ林には幹回り3m以上、推定樹齢300年以上のブナが数多くあることがわかっている。一番の巨樹はミズナラで幹回り5・80m、樹齢は500年を超えると推定され「九々龍」と名付けた。「博龍」と名付けた幹回り4・1m、推定樹齢400年以上のブナは、博士山のブナの中で最大で、幹の中ほどから手のひらを上に向け指で物をつかむような形で枝が広がっている。

博士山のブナの巨木

ブナが最も水を吸い上げる新緑の時季には、幹に耳を押し当てると地下水を吸い上げる音を聞ける可能性もあるという。国道401号（会津若松市〜群馬県沼田市）の博士峠の頂上にある「風龍」と名付けられた幹回り3・6m、推定樹齢350年以上のブナは、冬の強風で樹冠は折れて失われているが、力強く四方に枝を伸ばした姿には、畏敬の念を抱かされる。ちなみに環境省の定義では、巨樹は胸高1・3m、幹周り5m以上を超えたもの、巨木は3m以上に達したものとされている。成長の遅いブナが直径50cmになるまでには150年かかると言われている。

「このブナ林は日本一だと思っています」と言いながら、菅家さんが指さす先に巨大なブナがそそり立つ。人の背丈をはるかに超える高さまで、緑のコケに覆われた推定樹齢400年超、幹回り3・8mの巨木で「不老樹」と仮に呼んでいるが、菅家さんはこのブナを博士山ブナ林のマザーツリーにしたいという。

ブナ林の中には、昭和村小野川地区と会津美里町谷ケ地地区を結んでいた古道も残る。かってはコメ、味噌、山菜、木炭などの食料や生活必需品が人や牛馬の背に負われて運ばれ、馬の背に揺られながら嫁ぐ花嫁もこの道を通ったのだ。いまは山菜採りやブナ林を散策する人くらいしか利用しないので、降り積もった落ち葉の上を歩くとふわふわした感じが心地よい。

菅家さんは「想定していた参加者数を50％も上回る人たちに来てもらえたのはうれしいのですが、この成果を今後どのように生かしていくかを考えると、責任の重さを感じています。オーバーツーリズム対策やウオーキングの際の自然を傷つけないルール作りなどを整備して、できるだけ多くの人たちに博士山のブナ林を楽しんでいただきたい」と、奢ることなく先を見据えている。

▼オタネニンジン（会津人参）の栽培

菅家さんが社長を務める「新鶴温泉んだ」は、旧新鶴村の村営「新鶴温泉健康センター及びほっとぴあ新鶴」を民間に譲渡したもので、2023年4月にオープンした。これまでの温泉棟と宿泊棟を一体化し、温泉施設はそのままに1階ラウンジや売店、宴会場、レストランなどをリニューアルして生まれ変わった。「んだ」は会津弁で「そうだ」の意味で、「温泉さ行ぐのが?」「んだ」の会話をそのままに、親しまれる温泉施設を目指して命名した。

泉質はアルカリ性単純温泉。入ると肌がすべすべして温まりやすく冷めにくい。客室と浴場から会津盆地が見渡せる。筆者は会津に帰るたびに、村営のころからここによく泊まった。会津地方の伝統野菜オタネニンジン（会津人参）を使った料理とニンジン風呂が目当てだからだ。オタネニンジンは強壮や疲労回復、血流改善などで効果が認められている。夕食のメニューに、オタネニンジンの天ぷらと土瓶蒸しが入っているのがうれしい。天ぷらは独特の苦みがあり、食感はジャガイモの天ぷらに似ている。食後は体の中がホカホカする感じだ。菅家さんは「風呂に入りに来た人が『膝や関節、腰の痛みが和らいだ』と言ってくれるのがうれしい」と手ごたえを感じている。

オタネニンジンはウコギ科の多年草で、原産地は中国・遼東半島から朝鮮半島にかけてと言われている。中国東北部とロシアの沿海州にも自生していて、野生のニンジンは高値で取引される。韓国では栽培種をインサム（人参）、野生種をサンサム（山参）と呼んで分けている。サンサムを見つけたときは「シムバッタ」（良いものを見つけた）を3回繰り返して掘り出す。

かつて漢方薬の王様として朝鮮ニンジン、高麗ニンジン、薬用ニンジンなどと呼ばれたが、いまはオタネニンジンとして一般化している。オタネニンジンの名前の由来は諸説あるが、徳川幕府がニンジンの種を諸大名に下賜し、栽培を奨励したことから「御種（おんたね）」が「オタネ」に転じたとされる。

かつて会津地方はオタネニンジンの一大産地で、藩政時代は長崎から中国へ輸出していた。つい最近まで生産量日本一だったこともある。栽培は重労働で機械化しにくいうえ生産農家の高齢化などにより、1993（平成5）年の165haをピークに現在は3haにまで激減した。

会津美里町でも生産農家は1軒になった。新鶴駅のすぐ南側にある小沢地区で、阿部雅之さんが135アールの圃場で栽培している。見渡す限りの田んぼの中に、黒い遮蔽シートで覆われた阿部さんの圃場が点在する。連作を嫌う植物なので、一度栽培したら5～6年は何も作らず土地を休ませる必要がある。薬効が高いのは5、6年物とされる。阿部さんの生産量は年間1500kgだが「病虫害に弱く出来具合の当たり外れが大きい。掘ってみなければわからないのが悩みの種」という。

菅家さんはオタネニンジンの産地再興にも関わっている。県立会津農林高地域創生科の生徒らと「会津オタネニンジン研究会」を立ち上げ、２０２４年2月から栽培プロジェクトに乗り出した。プロジェクトには、清水薬草店（喜多方市）や県農業総合センター会津地域研究所なども参加している。温泉敷地内に設けたビニールハウスで育つオタネニンジンの苗を見せてもらった。菅家さんは愛しむように苗を触りながら、順調に生育しているのを確認した。

いま菅家さんたちが目指すのはコンテナ栽培だ。オタネニンジンの育苗（1年生）を野外の圃場で育てるには、土づくりや土壌の消毒、遮光資材の設置などで手間がかかる。コンテナ栽培はこれらの過程を省力化することで、植え付けから1年半で収穫、出荷できる。これだと栽培に携わった高校生たちも、卒業するまでに自分たちが育てたニンジンが製品として出荷されるのを見ることができる。

菅家さんは「オタネニンジンは先人が残した貴重な地域資源です。栽培する人と栽培面積を増やし、産地再興に貢献したい」と話している。

若宮（わかみや）

たこ焼き考案者の生地

若宮駅：会津若松から18・9km　所在地：河沼郡会津坂下町五ノ併
開業：1934（昭和9）年11月1日　開業時から無人

水田地帯が広がる中にポツンとある無人駅――。この駅が大阪のソウルフードたこ焼きと関係があると言っても、すぐに信じてくれる人はどれだけいるだろうか。

たこ焼きを考案し、たこ焼き元祖・会津屋の初代社長だった遠藤留吉は会津人で、この駅から南西へ歩いて20分ほどのところに生家がある。

留吉は1907（明治40）年8月19日、会津坂下町の上新田（旧若宮村五ノ併）に農家の三男として生まれた。大阪でたこ焼きを考案し大成功を収めた。会津屋は現在、大阪市内に8店舗、吹田市と東京のお台場にそれぞれ1店舗計10店舗を構える老舗大手のたこ焼き屋だ。

会津屋の社史や3代目社長の勝氏によると、たこ焼きと留吉の事績（会津屋の歴史）は以下のようになる。

1933（昭和8）年　たこ焼きの元祖ラヂオ焼き（子どものおやつ）の屋台を大阪の今里で始める
1935（昭和10）年　たこ焼きを考案
1936（昭和11）年　赤字に白字で染め抜いた「たこ焼き」の文字ののれんが完成
1949（昭和24）年　大阪天下茶屋に店を構える

1965（昭和40）年　吉蔵が会津屋2代目に就任
1993（平成5）年　大阪市西成区玉出に移転（現在の本店）
1995（平成7）年　ＡＰＥＣ大阪会議でたこ焼きの元祖として大好評を得る
1997（平成9）年　勝が会津屋3代目に就任
2015（平成27）年　ミラノ万博「日本館」内に出店し、大阪の味を世界に発信
2016（平成28）年　「ミシュランガイド2016」ビブグルマンに選ばれる

筆者は会津坂下町で生まれ育ち、留吉が同じ町の出身であることは知っていた。留吉の事績を調べていて疑問に感じることがあった。まず、出自が三男なのか四男なのか、生家を出た時の年齢と年月日、たこ焼きの生地の味の元が会津の郷土料理の「こづゆ」なのか「つゆ餅」（会津風お雑煮）なのか——。

調べ始めたら「生家はなくなった」「他の土地に引っ越した」との噂を耳にしたので、まず生家があると思われる集落に行ってみることにした。

その前に会津屋のたこ焼きを食べることにした。筆者はたこ焼きを食べたことがなかった。縁日や屋台で焼いているのを見たことはあるが、たこ焼きと言えばマヨネーズやソースがたっぷりついていてそこに青海苔がまぶしてあるというイメージで、おいしい食べ物と思わなかったからだ。

東京の自宅近くのデパートで、会津屋がたこ焼きの実演販売をしているのを知り、買いに行った。1箱12個入り（700円）を買った。一口大で薄茶色のピンポン玉のようなたこ焼きが3個4列で並んでいる。食べてみた。うまい！　素朴な和風味がした。子どもが食べやすいようにと、祖母や母が搗きたての餅を親指と人差し指でちぎって入れてくれた、あのつゆ餅の味だ。マヨネーズやソースをつけたらせっかくの

和風味が台無しになる。冷めても味が変わらなかったのには驚いた。

▼留吉の生家を探して

会津坂下町の町中から留吉の生家に向かう。運転してくれる酒井俊一郎君は、筆者の生まれた会津坂下町気多宮の後輩。留吉の話をしたら一緒に行きたいというので同行してもらった。車中での会話は自然と会津弁になる。「一度この辺の村の葬式に来たごとがあっけんじょ（あるけれど）、いまどごをどう走ってんのがわがんね」と俊一郎君。周りはすべて水田で目印になるようなものはない。集落の入り口に集落名の表示板があるだけだ。夜になったら地理不案内の人はお手上げだろう。

カーナビに行く先を入力する。生家は旧若宮村の上新田というところだ。大字の五ノ併は表示されるが、小字を入力しようとしても上新田は通称なので出て来ない。町役場で小字を調べてくればよかったと後悔した。「信幸さん、場所わがっかよ?」。俊一郎君が不安げに周囲を見回す。「さすけねえ（大丈夫だ）。上新田さは行ったごどねえげんじょ（行ったことはないけれど）、俺の母方の曾祖母と祖母の実家がこの近くにあっから道には自信がある」と筆者。高田（会津美里町）街道（県道22号会津坂下会津高田線）を高田方面へひた走る。会津坂下町の水田を潤す農業用水・栗村堰が街道に並行して流れている。「上金沢」の表示が見えた。「そごを左さまっつぐ（まっすぐ）行げば上新田だ」。

生家のある上新田は、田んぼに囲まれた戸数8戸の小さな集落だ。新田の名の通り、新しく水田を開いて集落となったところだ。会津盆地の中には新田と名のつく地名が珍しくない。南から北へ縦に連なっていることが多く、上新田の北に中新田、下新田が団子三兄弟のように並んでいる。三つも新田が並んでいるのは珍しい。下新田には筆者の母方の曾祖母の生家がある。下新田は農業用水に沿って、同じような大きさ・形の農家が南向きに等間隔で並んでいたのを覚えている。

上新田ではそのイメージは裏切られた。上新田は一塊の集落で、留吉の生家は集落の西奥にあった。生家は大きな家で全景を写真に撮ろうとすると、かなり離れないとファインダーに収まらない。生家の確認のための訪問なので、事前のアポなしで行った。農作業中で嫌がられると思ったが、遠藤秀子・弘子さん姉妹が快く取材に応じてくれた。留吉は2人の大叔父に当たる。留吉がいた当時の生家は今の家の半分ほどの大きさで、留吉は「もっと大きい家に住みたい」と言っていたそうだ。生家には留吉が大阪から送ってきた新聞や大阪に関する書籍が保管されていた。留吉の成功談や大阪の観光案内などが主な内容だ。生家の人たちに大阪に来てもらい、成功した自分を見てもらいたかったのかもしれない。

2人に留吉が何歳でいつ家出をしたのかを聞いた。2人とも留吉がいつ何歳で生家を出たか、正確なことは知らなかった。


ところで、会津屋独自のたこ焼きの生地は、何を元にした味付けなのだろう。資料によっては会津の郷土料理で、ホタテの干し貝柱でダシをとる「こづゆ」としているものがあるが、留吉は『わが道わが味　食べ物屋に生涯を捧げた男たち』（池田書店1980年＝昭和55年発行）に「母が作ってくれたつゆもちの味をこれ（たこ焼きの生地）につけたらうまくいくんではないかと思っ」た、とはっきり答えている。遠藤姉妹も「つゆ餅に間違いない」と言う。以前、テレビ局が留吉のことで取材に来た時、実際につゆ餅を作ってふるまったそうだ。

▼11銭を懐に家出し、東京から大阪へ

以下に、集めた資料や遠藤姉妹の話を参考に、留吉の足跡を物語風にまとめてみた。

〝俺は長男ではないから家は継げない。東京に出て自分で値段を付けられる商売をしよう〟。留吉は21か22歳の秋の彼岸の日の深夜、わずか11銭を懐に家出し、東京に向かった。11銭は現在の貨幣価値に換算しても100円にも満たない。所持金の額から計画的な家出ではなさそうだ。真っ暗な高田街道を3里（約4㎞）先の若松をめざして歩き始めた。若松を過ぎて交通の難所・つづら折りが長く続く滝沢峠を通過し、夜が明けたころ猪苗代に達した。道端に一軒の豆腐屋を見つけた。豆腐は一丁5銭、2個買って食べた。

会津街道を東京に向かって歩くので、野口英世の生家前を通過しているはずだ。留吉は野口と野口の生家を知っていたのだろうか。1896（明治29）年、19歳の野口は医術開業試験受験のため上京する際、生家の床柱に「志を得ざれば再び此地を踏まず」と刻んで会津を後にした。留吉も東京へ出て一旗揚げるつもりだったのだろうが、どんな決意を胸に秘めていたのだろうか。

猪苗代では東京へ行くための旅費を稼ごうと、農家での仕事を探した。頃はちょうど稲の刈り取り時で、どこの農家でも人手を必要としていた。首尾よく1カ月食事付き15円の働き口を見つけることができた。まじめに働いたので18円と煙草をもらった。

そのころ生家では急にいなくなったので大騒ぎ、村中で行方を捜していた。雇ってくれた農家も家に戻るように説得するが応じない。家を出てきた以上、東京へ行くと言い張る。農家は東京の神田神保町で親戚がやっている食堂を紹介してくれた。

食堂は第二食堂といって、ここで足掛け3年まじめに働いた。食堂の主人の世話で結婚もした。妻の妹が大阪に住んでいて、東京より暮らしやすいから来ないかと誘われて大阪へ行くことになった。大阪で最初に住んだのは港区の夕凪橋のそば。大阪でも初めは米屋をしようとしたのが面白い（なぜ米屋なのか理由は不明）。奉公先を探したが折からの不景気で見つからず、米屋は断念。今里新地近くの大友町で小さな寿司屋を始める。寿司は3個で一皿5銭だったが売れない。毎日コメを1升5合も炊いて全部腐らせる日が続き、自殺することも考えるほどに追い詰められた。

▼新鮮で大粒のタコの切り身が入ったたこ焼きで大成功

1933（昭和8）年、ラヂオ焼きの屋台を大阪の今里で始めた。ラヂオ焼きはメリケン粉の生地にコンニャクやエンドウ豆が入ったもので、大人は見向きもしない食べ物だった。これを大人の食べ物にできないかと、寝る間も惜しんで具材の研究に2、3年取り組んだ。牛肉を入れるなど工夫したが良い結果は出なかった。

ある日、明石から来た人に「大阪ではタコを入れないのか」と言われ、タコを使い始めたが思うような味にならなかった。こんどは生地の研究にとりかかり、その時思いついたのが、母が作ってくれたつゆ餅の味を生地につけることだった。つゆ餅の味が染みた生地に、新鮮で大粒のタコの切り身が入ったたこ焼きがついに完成、10銭で8個という安さもあって爆発的に売れ出した。

▼大阪天下茶屋に「会津屋」をオープン

そして1949（昭和24）年4月、念願の店を大阪天下茶屋に出すことができた。商号は故郷の名前か

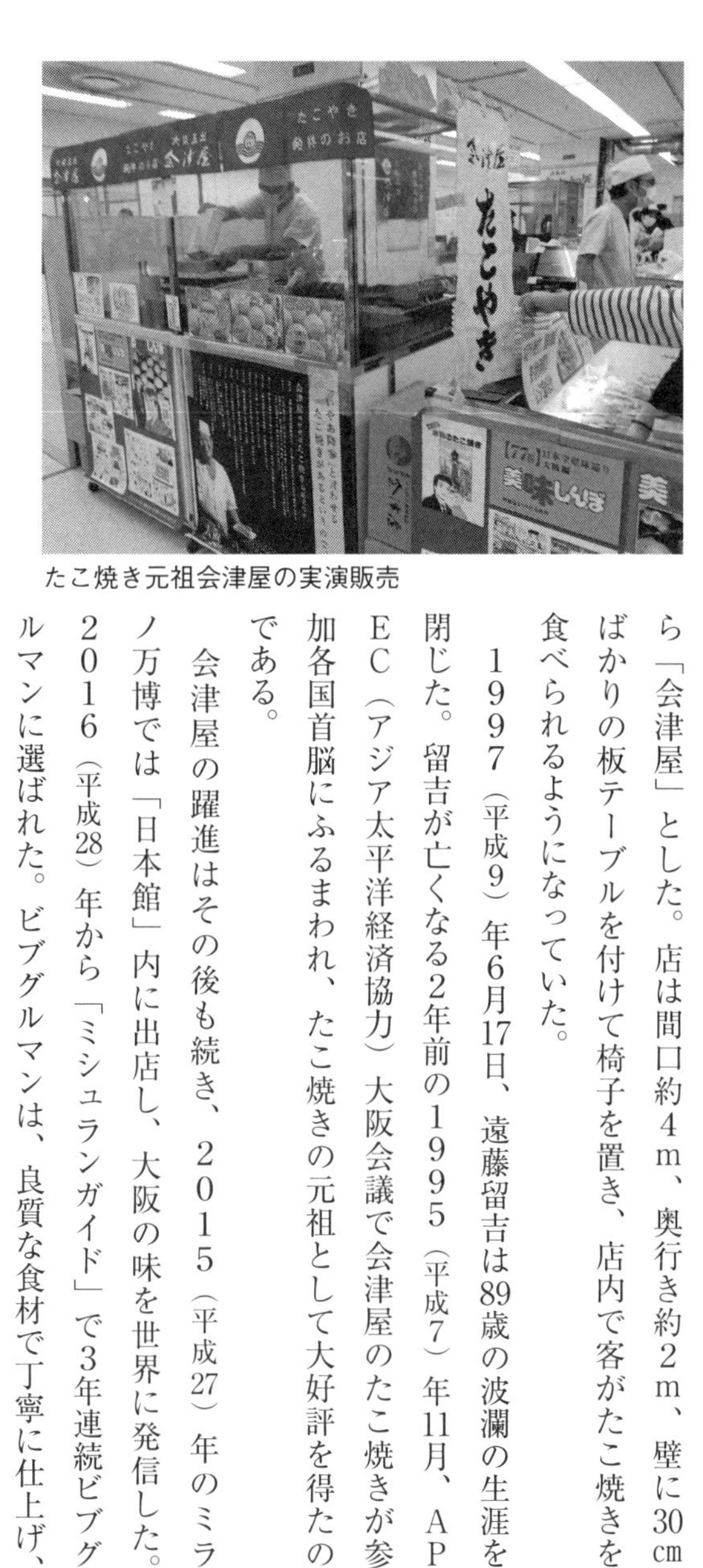

たこ焼き元祖会津屋の実演販売

ら「会津屋」とした。店は間口約4ｍ、奥行き約2ｍ、壁に30㎝ばかりの板テーブルを付けて椅子を置き、店内で客がたこ焼きを食べられるようになっていた。

1997（平成9）年6月17日、遠藤留吉は89歳の波瀾の生涯を閉じた。留吉が亡くなる2年前の1995（平成7）年11月、APEC（アジア太平洋経済協力）大阪会議で会津屋のたこ焼きが参加各国首脳にふるまわれ、たこ焼きの元祖として大好評を得たのである。

会津屋の躍進はその後も続き、2015（平成27）年のミラノ万博では「日本館」内に出店し、大阪の味を世界に発信した。2016（平成28）年から「ミシュランガイド」で3年連続ビブグルマンに選ばれた。ビブグルマンは、良質な食材で丁寧に仕上げ、価格以上の満足感が得られる料理のことだ。

たこ焼きと言えば、ソースやマヨネーズのタレを付けたものや紅生姜を添えたものが主流のようだが、会津屋は創業以来の製法を守り続けている。手でつまめる日本料理と言われる会津屋のたこ焼きは、世界中から愛される日本食となった。たこ焼きは初め「サムライボール」と訳されたこともあったが、今では世界中どこでも「ＴＡＫＯＹＡＫＩ」で通る。

9

会津坂下（あいづばんげ）

仏教史を変えるか？「高寺伝説」

会津坂下駅：会津若松から21・6㎞　所在地：河沼郡会津坂下（ばんげ）町五反田
開業：1926（大正15）年10月15日

会津坂下駅は河沼郡の中心地・会津坂下町の玄関だ。只見線では数少ない有人駅の一つで、会津若松を出た列車が最初に列車交換をするところだ。

「坂下」を「ばんげ」と読める人は、まずいない。古文書には「番下」の表記が見られることから、この地は古くから「ばんげ」と呼ばれていたようだ。「ばんげ」の語源については有力なものとして2説ある。河岸段丘のような崖地の呼び名である「はけ」からきているとする説。アイヌ語で「川下」を意味する「パンケィ」から、とする説だ。

▼春日八郎と猪俣公章

駅前公園に歌謡曲「お富さん」で一世を風靡し、「別れの一本杉」など数々のヒット曲で国民的歌手となった春日八郎（本名・渡部実）のブロンズ像がある。像の前のボタンを押すと、春日のデビュー曲「赤いランプの終列車」のメロディーが流れる。像は160㎝で台座を入れても170㎝に満たない。会津坂下町出身で像の制作者・若杉儀子さんが「庶民に人気のあった歌手なので、誰でも気軽に像と腕を組んで写真が撮れるように」と大きさに配慮したからだ。

春日八郎のブロンズ像

像の除幕式は春日の13回忌に合わせて２００３（平成18）年10月12日に行なわれた。幕がサーと引かれ像が現れた瞬間、像の左側にいた春日夫人が「後姿が春日にそっくり。また会えた」と泣き崩れたという。

春日は筆者の小・中学校（いずれも廃校）の先輩である。小学校の講堂には、春日が寄贈したグランドピアノが置かれていた。旧第二中学校の校歌と応援歌は春日が作曲し、春日が所属していたキングレコードがレコードにして売り出し、学校関係者が買った。校歌を春日が歌い、応援歌はボニージャックスとヴォーチェアンジェリカが歌っている。

会津坂下駅の南西に「春日八郎記念公園・おもいで館」がある。ここはブロンズ像より早く１９９５（平成７）年に開設された。館の前には「別れの一本杉」の歌碑があり、前に立つと自動的に「別れの一本杉」のメロディーが流れる。館には生前の春日が愛用したピアノとギター、舞台衣装、出演した映画のポスターなど思い出の品々が展示されている。春日ファンに限らず歌謡曲好きの人たちが訪れる。

数々のヒット歌謡曲を作詞・作曲したことで知られる猪俣公章（こうしょう＝本名・きみあき）も会津坂下町の出身だ。１９６４（昭和39）年、鈴木やすし『僕の手でよかったら』で作曲家デビュー。１９６６（昭和41）年に森進一のデビュー作にしてヒット作となった『女のためいき』を作曲、水原弘『君こそわが命』、藤圭子『女のブルース』、内山田洋とクール・ファイブ『噂の女』、テレサ・テン『空港』、五木ひろし『千曲川』など、数多くのヒット曲を世に送り出した。坂本冬美（あばれ太鼓）やマルシア（ふりむけばヨコハマ）を内弟子として育て上げ、デビュー曲を作曲したことでも知られる。

町役場庁舎東駐車場前の歩道に「昭和が生んだ大作曲家 猪俣公章生誕の地」の碑がある。墓は生家跡近くの法界寺にある。坂本冬美ら猪俣の弟子たちは毎年の墓参を欠かさない。春日に比べ猪俣の足跡を偲べるものがほとんどないのが残念だ。

▼「高寺伝説」と「仏都・会津」を代表する寺

会津は奈良、京都に次いで古くから仏教が栄えた土地だ。「仏都・会津」とも呼ばれる。仏教と会津を語るうえで欠かせないのが町に伝わる「高寺伝説」だ。中国（梁）の僧・青巌が越後の海岸に漂着し、阿賀野川を遡って会津に入り、５４０（欽明元）年に町の西側にある高寺山（４０２ｍ）に草庵を開いた、というものだ。昔から高寺山には大堂伽藍が並び立ち、36坊もあったと言い伝えられてきた。

百済から日本に仏教が伝来したのは欽明天皇の時代で（仏教公伝）、伝来年には５３８年と５５２年の2説ある。考古学的遺物などで「高寺伝説」が裏付けられると、仏教公伝の歴史が書き換えられる可能性もある。

町教育委員会が２０１８（平成30）年から高寺山で発掘を続けているが、大きな建物跡などはまだ見つかっていない。河原石とともに土器の破片が出土している。これらの遺物は、宗教儀式のために物を燃やす護摩壇に使われたと考えられる。当時は儀式が終わると護摩壇はすぐに壊されたようだ。確認された護摩壇跡はかなりの数にのぼる。護摩壇が造られた年代は9世紀に遡ると推定されており、全国的にも出土例が少なく、高寺山が貴重な遺跡であることに変わりはない。この結果に「高寺伝説」に胸躍らせ、郷土史と考古学を趣味にしてきた筆者は、ほっと胸をなでおろしている。発掘は続いている。果たして建物跡は確認されるか、興味は尽きない。

会津に来たらぜひ訪れたいお寺が2つある。町の東、湯川村勝常にある勝常寺と町の北、宇内地区にある薬師堂だ。

勝常寺は仏都・会津を代表する古刹で、会津五薬師のうち中央薬師といわれ創建は807（大同2）年。国重要文化財の薬師堂の中に、仏像の国宝としては会津で唯一の木造薬師如来坐像と両脇侍立像をはじめ重要文化財指定の9体の仏像がある。この他にも平安時代初期の多数の仏像が一カ所に保存されているのはわが国ではめずらしい。

宇内地区にある薬師堂には、仏像の制作で勝常寺の流れをくむと言われる、国重要文化財の薬師如来坐像がある。会津五薬師の一つで座像高183cm、ケヤキの一木造りの穏やかな表情が特徴だ。堂内には、日光・月光菩薩立像、宝光虚空蔵菩薩立像、聖観音菩薩立像、十二神将五躯も安置されている。

▼古墳の里

会津坂下町は古墳の里でもある。会津坂下駅の北方、青津地区に国指定の史跡である亀ケ森古墳がある。東北地方第2位、福島県内最大の前方後円墳で全長130m、後円部の直径74mの大古墳で周濠跡が確認できる。亀ケ森古墳と並んで鎮守森古墳がある。こちらは全長55・2mの前方後方墳で、前方部26・2m、後方部が29mある。2つの古墳の築造年代は、古墳時代前期（4世紀後半）と推定されている。緑に覆われた古墳は水田地帯に浮かぶ島のようだ。

会津坂下駅の近くにある杵ガ森古墳は、墳丘の長さが45・6mの前方後円墳で、築造年代は古墳時代前期（4世紀）といわれる。最近、卑弥呼の墓とも考えられている箸墓古墳のミニチュア版であることがわかり、にわかに注目を集めた。周辺の周溝墓と竪穴住居跡とともに公園として整備されている。公園北側の道路は水田だった。親類の田んぼがあり、筆者は魚捕りや農作業の手伝いなどのときは、よく墳丘上で休んだり遊んだりした。

会津坂下町の面積は91・59㎢と広くはないが、町のほぼ全域で古墳が見られる。自治体の面積に対する古墳の密度では、東北随一と言ってよいだろう。

亀ケ森、鎮守森両古墳を見たら、近くにある「会津坂下町埋蔵文化財センター」に足を運びたい。展示室には町内の遺跡などから出土した830点に及ぶ考古資料が展示されている。

特に、会津地方の古墳に埴輪はないという通説を覆した経塚古墳群から出土した、大量の埴輪－巫女や武人の人物埴輪、飾り馬や鳥などの動物埴輪、家形埴輪、円筒埴輪は見逃せない。国史跡の陣が峯城跡からは中国の青白磁、朝鮮の高麗青磁、和鏡、馬具、青銅製の秤の錘などとともに、城で激しい戦闘があったことをうかがわせる大量の鉄鏃が出土した。これらの出土品もじっくり見てほしい。

▼会津の代表的な食がここに

会津坂下町は会津馬刺し発祥の地だ。馬刺しは、おろしニンニクに唐辛子と味噌で辛子味噌のタレを作り、それを醤油に溶いて肉につけて食べる。町は昔から交通の要衝で、会津若松、喜多方、会津美里、柳津など会津の主要な町と3里（約12㎞）の距離にあり、「坂下のバカ3里」と呼ばれている。馬のせり場があったことから、馬肉を食べる習慣が始まったとされる。8月29日を語呂合わせで「馬肉の日」にしていて、この日に町の精肉店で馬肉を買うと肉の増量、代金の割引などのサービスを受けられる。精肉店ではそれぞれ秘伝のタレを用意している。

埋蔵文化財センターの先、田んぼに囲まれた立川集落に、ランチタイム限定、完全予約制の農家レストラン「けやき蔵ＫＥＩＴＯＫＵ」がある。食通の人気スポットで、筆者は会津に帰るとランチはここに食べに来る。提供される料理の食材はすべて地元産だ。旬の野菜をふんだんに使った料理と、自家製の塩麹（原料は会津産コシヒカリ）を使った発酵食の多彩なメニューが売りだ。食事は母屋の座敷でする。以前は築１００年の蔵座敷でしていて人気があった。筆者は来るたびに「蔵座敷での食事を復活させろ」とうるさく言う。

この日のメニューは、赤魚のフライ、ニシンの甘味噌、豚バラ肉の塩麹、ニンニクの芽の佃煮、茶わん蒸し、カブと赤カブのバジル塩麹、新タマネギにコシヒカリだんごのチーズ焼き、青菜に豆腐の塩麹汁、雑穀ご飯の健康メニュー。

11月は毎日でも食べに来たい。というのは、世界で立川集落でしか栽培されていない立川ゴボウを使った料理が食べられるからだ。立川ゴボウは、葉がアザミの葉のようにギザギザの形状をしているのが特徴で、アザミゴボウとも呼ばれる。根の部分は普通のゴボウと変わらないが、柔らかくて香りがよい。立川ゴボウで作ったごぼう茶（立川ごんぼ茶）と、炊いたご飯の上に載せてかき混ぜるだけで炊き込みご飯になる、ごんぼ飯の素も製造・販売している。

▼奇祭と地域振興の奇？策

町役場前のメーンストリートでは、毎年1月14日の初市の日に奇祭・大俵引きが行なわれる。４００年以上前の蒲生氏の時代にその年のコメ相場を占う祭りとして始まったと言われ、西が勝つとその年は豊作になるという。会津戦争後途絶えていたが1956（昭和31）年に復活した。下帯と白足袋姿の裸の男たちが東西に分かれて長さ4m、直径2・5m、重さ5tの大俵を大綱で引き合う。

町のメーンストリートから1本北側の路地にある貴徳寺には、忠臣蔵で有名な堀部安兵衛の両親の墓がある。安兵衛はこの寺で生まれたという。ややこしいことに、安兵衛の生誕地については新潟県新発田市でも主張している。泉下の安兵衛はこの事態をどう見ているだろうか。「何っ？　拙者の生まれ所をめぐって会津坂下と新発田が本家争いをしておるとな。双方とも大事なことをお忘れではござるまいか。越後街道の終点は新発田でござった。道が通じているのにお互いの心が通じ合わないことはあるまい。ここは拙者をネタにして、お互いの観光振興策を講じるべきと存ずる。会津坂下と新発田が観光振興姉妹都市になるのはいかが？」。

けやき蔵ＫＥＩＴＯＫＵ
〒969-6513
福島県河沼郡会津坂下町大字立川字金山153
電話0242-82-2387

10

塔寺（とうでら）

由緒ある寺社と急こう配

塔寺駅：会津若松から26・0km　所在地：河沼郡会津坂下町気多宮
開業：1928（昭和3）年11月20日　無人駅化：1971（昭和46）年8月29日

会津若松を出た列車は会津坂下を過ぎると、会津盆地の平坦な水田地帯から盆地西側の山並みにぶつかるように進んで行く。山際のところで右にほぼ直角にカーブして、只見線最初の急勾配25パーミル（1000m進んで25m上る）を上る。上り切った先に塔寺駅はある。

南側の山の斜面に向かい合うように駅のホームがある。小さな待合室があるだけで人影はない。駅の周囲には民家も他の人工物もなく、秘境駅の雰囲気が漂う。塔寺駅はホームが駅舎のあった県道より高い盛土上にあるため、かつては屋根つきの階段と駅舎がつながっているユニークな駅だった。

▼「気多宮」駅ではない理由

駅名と所在地名は一致しているのが普通だが、塔寺駅は気多宮（けたのみや）地区にある。江戸時代は宿場で6軒の旅籠があった。その1軒は3階建てだった。気多宮の地名の由来は、集落の鎮守・気多神社からきている。能登半島にある気多大社と名前は同じだが関連性はない。しかし創建はかなり古いとされる。

駅は気多宮の一つ会津坂下寄りの集落・塔寺地区に造る予定だった。その予定地が急勾配の途中にあるため気多宮地区に造った、とされる。駅名が気多宮にならなかったことに、同地区の住民の中には今でも

気多宮の追分石

不満を抱いている人もいる。何を隠そう、ここで生まれ育った筆者もその一人だ。

筆者の父は国鉄職員で会津若松機関区に勤務していた。塔寺駅から会津若松駅まで朝は一番列車に乗り、夜は終列車で帰るという生活を30年以上続けた。筆者も中学、高校の6年間の通学で塔寺駅を利用した。駅から集落までの200mほどの道は、駅が行き止まりの盲腸線だが、県道223号塔寺停車場線という立派な名前を持っている。道の両側は桜並木だった。満開になると花のトンネルになった。

集落の入り口、旧越後街道と旧沼田街道（気多宮～柳津～只見～尾瀬ヶ原～群馬県沼田市）の分岐（正確に言えば、国道49号線と県道43号会津坂下山都線の分岐）に「気多宮の追分石」で知られる石の道標が立っている。高さ約2mの堂々とした道標には、雄渾な筆致で「是より右越後路 是より左柳津路」の文字が深く刻まれている。「柳津路」となっているのは、柳津まではとくに柳津路と呼ばれていたからだ。道標の裏面には会津戦争時の弾痕も見られる。1878（明治11）年6月29日、日本の奥地を旅行中の英国人女性旅行家イザベラ・バードはここで右折して越後へ向かった。

▼「塔寺八幡」へ

集落の中心には街道を挟んで、会津を代表する大地主だった酒井家の母屋と白壁の土蔵群があり、宿場の雰囲気がよく残っている。母屋の向かいには大きな土蔵がある。酒井家が町に寄贈したもので「気多宮町並み交流センター」として使われている。木造2階建て延べ160㎡。1階に27畳の和室、2階に板敷の納戸2室を備えている。事前に予約すれば見学ができる。

駅名になった塔寺は「立木観音」で知られる恵隆寺の門前に発達した宿場だった。歌手・春日八郎の出身地だ。

塔寺集落に入ってすぐ左側、筆者が子どものころは旧八幡中学校の隣に「松葉屋」という総2階建ての旅籠が完全な姿で残っていた。この家に婿に来た大工が腕によりをかけて建てただけあって、造りが丁寧で時代劇から飛び出してきたような建物だった。2階の端の漆喰の壁に、大和仮名で太く黒々と「まつばや」と書かれた文字が美しかったが、「つ」と「ば」は読めなかった。いつの間にかなくなったと思っていたら、静岡県の人が買い取って移築し、蕎麦屋の建物になったと聞いた。

さらに進むと、道の左側に「塔寺八幡」で知られる会津大鎮守・心清水八幡神社がある。縁起によれば、1055（天喜3）年、源頼義、義家父子が奥州攻め（前九年の役）に際し、京都の石清水八幡宮を勧請してこの地に祀り、戦勝を祈願したのが始まりと伝わる。以来、歴代会津の領主から手厚く保護されてきた。

社殿は1840（天保11）年に焼けてしまったため、現在の社殿は1863（文久3）年に最後の会津藩主・松平容保が造営した。拝殿裏の石段を上ったところにある本殿は、総ケヤキ造りの豪壮な建物で、会

心清水八幡神社本殿

津藩が造った最後の建築物である。

八幡神社は多くの宝物を所蔵しているが、その第一に挙げられるのが国の重要文化財「塔寺八幡宮長帳」。「長帳」と呼ばれる古文書で、南北朝時代の1350（貞和6）年から江戸時代初期の1635（寛永12）年までの286年間にわたる心清水八幡神社の年日記。毎年神社が行なう行事の内容が記録されている。紙背には会津と奥羽地方の年々の出来事が記録されており、総紙数は197枚、全長120mに及ぶ。現在は8巻の巻物にまとめられている。会津と奥羽地方の中世史を研究する上で第一級の資料である。

八幡神社には吉田松陰が1852（嘉永5）年旧暦2月6日に東北巡遊の際に参拝に訪れている。境内に記念碑がある。

八幡神社の東隣にある恵隆寺は、「塔寺の立木観音」で知られる。会津三十三観音三十一番札所で筆者の実家の旦那寺もある。門前に春日八郎の「別れの一本杉」の歌碑がある。

観音堂と本尊の十一面観音菩薩立像（千手観音）は、ともに鎌倉時代の作とされ、国の重要文化財に指定されている。千手観音は、身の丈7・4m、総高8・5mもあり、木造としては国内最大級を誇る。寺伝によれば、弘法大師が808（大同3）年、根の付いたケヤキの立ち木を直に彫刻したと伝わる。像の床下部分には根が付いたままだという。本尊の両脇に控える脇侍二十八部衆立像と風神・雷神像が完全にそろっているのは大変貴重で、恵隆寺と京都の三十三間堂だけと言われている。観音堂は茅葺きの寄木造り

塔寺立木観音堂

で、棟には「ぐし」と呼ばれる会津地方特有の棟飾りを備えている。

立木観音は「ころり三観音」の一つだ。本堂を入ると右側に抱きつき柱と呼ばれる円柱がある。長い間お参りに来た人たちが極楽往生を願って抱きついたので、手が触れた部分は黒光りしている。

本堂の前には樹齢約８００年、樹高約34m、幹周約５・６m、枝張約12mの大イチョウがある。秋には一日で黄一色に染まり、無数の銀杏を落とす。小学校の帰りによく銀杏を拾った。

寺の境内からは会津盆地が一望のもとに見渡せる。春は境内の前にある畑で菜の花が咲くと、養蜂業者がやってきてミツバチの巣箱を置いた。ミツバチが飛び交う中、満開の菜の花越しに見おろす会津盆地が桃源郷に思えた。

境内の傍らには国の重要文化財に指定されている旧五十嵐家住宅が保存・展示されている。江戸時代中期に建てられ桁行16・３m、梁間８・０mの寄棟造りで、屋根は茅葺きだ。会津盆地平坦部の本百姓の家で、会津坂下町が五十嵐家から寄贈を受け、移建・復原する工事中に１７２９（享保14）年建立の記録が発見された。建築年代が明らかな民家として貴重である。

▼塔寺駅近くの急勾配

塔寺駅のことに戻る。わが家の裏の急勾配は、冬は列車が一度に上り切れないことが多かった。カラン、カランと蒸気機関車の動輪が空回りした音が聞こえたかと思うと、列車はガーという音とともに会津坂下

塔寺駅

駅近くの平坦地まで４kmもバックしていく。そして勢いをつけて上ってくる。ある冬の雪の多い日、この繰り返しを数えたことがある。なんと8回だった。雪は子どものころに比べ少なくなったが、気動車になっても実家の裏の急勾配を上りきるのに四苦八苦していると聞いた。

塔寺駅は、駅舎跡が更地の広場になっている。ここに駅舎を復元し映画のロケに使ったらいいのにと思う。

会津坂本（あいづさかもと）

彫刻の拠点「里山アトリエ坂本分校」

会津若松から29・7㎞　所在地：河沼郡会津坂下町坂本
開業：1928（昭和3）年11月20日　無人駅化：1971（昭和46）年8月29日

公園のように手入れが行き届き、彫刻が展示されている珍しい里山がある。駅から歩いて10分ほど、坂本地区大沢集落にある高さ300mほどの山だ。

集落の人たちが「めぇ山」と呼ぶ前山はいま、芸術家と地域住民による、新たな里山の維持・管理と活用の模範的ケースとして注目を集めている。頂上まで続く山道には、ベンチや休憩所がいたるところにあり、展望台からは飯豊連峰や只見線も眺められる。

▼「里山のアトリエ坂本分校」の誕生

荒れ放題だった山が里山として再生できたのは、集落にあり廃校になっていた旧八幡小学校坂本分校が2007（平成19）年4月、彫刻制作の拠点「里山のアトリエ坂本分校」（以下坂本分校とする）として新たに開校したことがきっかけだ。坂本分校の代表は、会津坂下駅前広場に立つ春日八郎のブロンズ像を制作した若杉儀子さん。春日のブロンズ像を制作したのが縁で、旧坂本分校の再生につながった。

彫刻家と彫刻家をめざす人と地域の人が彫刻を通して共に生きる場とする。周囲の豊かな自然をイメージした彫刻を多くの人たちと一緒に作り、若い彫刻家を育てる。彫刻の制作過程の公開、作品の展示を通

会津坂本駅

して誰でも気楽に立ち寄れる場にする。地域の人や子どもたちと一緒に彫刻を作ってアトリエの周囲に展示する——これが若杉さんの思い描くアトリエだ。

旧坂本分校は、540坪余りの敷地に1936（昭和11）年に建てられた。一部2階建ての木造校舎は約150坪もある。広さは十分だ。かつては周辺4地区の児童が2年生までここで学んでいた。

坂本分校の活動を支えているのは、代表の若杉さんを含む5人の作家（彫刻、陶芸、油彩、写真）、不定期にやって来る鉄の彫刻家、現役の木こり、電気技師、事務局員（併設カフェのスタッフ）など計9人。

大沢集落の人たちは、自分たちが学んだ分校から子どもの声やピアノの音が聞こえなくなったのをさびしいと感じていた。できれば分校をそのまま残して、何かに活用したいと考えていた。坂本分校が再開校すると聞いて、どんなことになるのかと期待と不安が入り混じった思いでいた。

「坂本分校を地域の人たちとの笑顔あふれる交流の場にしたい」と思っていた若杉さんは、ランチタイムは地域の人たちとテーブルを囲んで持ち寄った弁当を食べながら談笑する機会を作った。漬物や汁物、デザート、お茶などでもてなした。旧分校時代からある5本の桜の木は、満開になるとライトアップした。その美しさに、近くを走る磐越自動車道からわざわざ降りて見に来る人もいる。若杉さんのデッサン会には大沢集落や周辺の人たちが集い、絵を描く喜び、自己表現するすばらしさを体感した。

▼雷神様の復活

集落や周辺の住民との距離が感じられなくなったある日、陶芸家の菅敬浩さんが前山頂上近くに石でできた小さい祠が埋まっているのを発見した。2013年11月26日のことだった。見つけたのは祠の屋根の部分だった。40年以上も集落の人たちから忘れられていた雷神様（雨乞いの神様）だった。若杉さんたちは雷神様を復活させようと、雷神様のあったところまで道を作ることにした。山は一人の所有ではなく複数の地権者がいることがわかった。「坂本分校はやりたいこと、思いついたことを、みんなで何でも実現させる、夢とパワーにあふれたアトリエ」であるべきだと、若杉さんは行動を起こした。

雷神様復活の意義を説きながら地権者を一人ずつ訪ね、道を作る承諾書にハンコを押してもらう活動を続けた。何とか地権者全員の承諾を得て道づくりが始まった。山のふもとから雷神様のあった所までは1500mもある。長い間人が入らなかった山は荒れ放題で、立木や藪を切り拓かなければならなかった。集落の人たちは「よそ者がこれだけ一生懸命にやっているのに、村が何もしないわけにいかない」と手伝うようになった。道づくりが進む中、彫刻家の猪俣祐一さんは2年がかりで雷神様の石像を完成させた。

そして雷神様の復活する日がやってきた。集落25戸の全戸から住民が土台石の引き上げに参加、重さ200kgもある祠の土台石を修羅（木の橇）で雷神様のある所に引き上げたのだ。住民と坂本分校の人たちは土台石の上に祠を据え、2015（平成27）年11月1日、入魂式を行ない、雷神様は40年ぶりに復活した。この1年半年後の2017（平成29）年5月、大沢集落の隣の朝立集落で火災が発生、住宅など5棟を焼き前山も延焼した。火は雷神様のすぐ下まで迫ったが、それ以上広がることなく鎮火した。集落の人たちは「雷神様を復活させたおかげだ」と語り合った。

雷神様の復活以降、前山は坂本分校の人たちと集落の人たちによって整備が続けられてきた。それが自然との共生を取り戻し、地域社会を再生する画期的な取り組みと評価され、里山管理の専門家や自然保護活動をしている人たちが、全国から視察や見学に来るようになった。２０２３年の8月はイタリア人彫刻家とその友人の彫刻家がボランティアでやってきて、雷神様までの道を枝切り、草刈り、落ち葉掃きなどの作業をしていった。

地元会津坂下町の小中学生たちは自然観察会に、県立会津農林高校森林環境科（会津坂下町）と県立会津工業高校（会津若松市）の生徒たちは、林業の実習や就労体験のためにやってくる。

▼多彩なイベントのプログラム

前山には子どもから大人まで楽しめるプログラムもある。特殊なロープを使って木に登るツリーイングと組み合わせた木工体験（丸太イス作りなど）に、森のアート講座では前山で手に入る軽石や枝、倒木、松ぼっくりなどでいろいろな木工品を作る。自然観察会ハイキングやチェンソーで丸太を切る木こり体験も人気がある。丸太で作った椅子のなかには、素人が作ったものとは思えないと評価されたものもある。遊びと体験を取り入れたプログラムは、親子での参加やリピーターも増えている。

雷神様までの道では、菅敬浩さん作の「青い鳥」（陶芸）と若杉さん作の「森の妖精」（陶芸）が、木の切り株の上で訪れる人を迎えてくれる。

坂本分校の校舎を使ったプログラムも充実している。「坂本分校は来てくれる人たちの夢をかなえるお手伝いをする場」（若杉さん）として、若杉さん自身が教える透明水彩（水彩画）教室は、毎月第2、第4水曜日の13時30分～16時まで開かれている。２０２３年から校舎内に併設したギャラリーカフェ「たまりび」は、金、土、日の11時～16時まで開いている。ナポリタン、ピザトースト、分校で育てたバラの花でつくったローズティーが好評だ。カフェでは坂本分校作家たちの作品が常設されており、他の作家たちの臨時の個展も開かれる。

7月のアジサイ祭りと秋に開く収穫祭では歌謡ショーが行なわれる。この時は彫刻家から歌手に変身、シャンソンをもじった山村歌手としてリリー&リンダの名前で講堂のステージに立つ。リリーは本人、リンダは友人で、会津名物の田楽で有名なお秀茶屋（会津若松市奴郎ヶ前）の女将さん。リンダさんは坂本分校の協力者でもある。歌謡ショーでは地元のバンドがバックで生伴奏する。集落の住民で、かつてプロの歌手をめざしたこともある、夜桜三郎さんも自慢ののどを披露する。歌謡ショーのあとは、参加した歌好きの人たちがステージに上り、カラオケを楽しむ。

東日本大震災の翌年から始めた「3・11鎮魂・希望の祈りキャンドルナイト」と7月下旬に開く前山彫刻シンポジウムは、坂本分校の2大イベント。キャンドルナイトは毎年3月11日の夜、集落の人たちと311本のロウソクを灯し大震災の記憶を繋いできた。2024年はロウソクを311本以上に増やし、能登半島地震の犠牲になった人たちに鎮魂の祈りを捧げた。

彫刻シンポジウムでは、外国人も参加するシンポジウムのほか、彫刻制作過程の公開、石彫、塑像、彫刻についての教室、作品展示などが行なわれる。

本職の彫刻について、若杉さんは「彫塑、石や木の彫刻、テラコッタ（素焼き）などに関心のある人は、坂本分校にぜひ来てください」と呼びかける。過去には若杉さんの下で学んだ子ども2人が、彫刻の全国高校生コンペティションで最優秀賞を受賞している。

アジサイにまつわるエピソードを紹介しよう。坂本分校の南側、旧沼田街道と只見線の土手の間に、水路に沿って細長い土地がある。そこには100本のアジサイが200mにわたって植えられている。14年前の春、当時の大沢区長だった目黒俊昭さんは、若杉さんたちによる旧坂本分校と前山の再生を評価していた。若杉さんのために何かしたいと考えていたら、若杉さんがこの場所にアジサイを植えたいと思っていることがわかった。目黒さんは、2年間かけて苗木を育て、若杉さんを驚かしてやろうと、夜のうちに集落の人たちとアジサイを植えたのだ。朝、坂本分校に出勤してきた若杉さんは、きれいに植えられた100本のアジサイを見て絶句「感激のあまり涙が止まりませんでした」と当時を振り返る。いまアジサイは大きく育ち、アジサイロードとして地域の人たちの憩いの場になっている。

▼かつての集落をめぐる伝説

旧坂本分校に通う坂本地区の4つの集落の子どもたちは、3年生になると坂本駅から隣の塔寺駅まで汽車に乗り、本校の旧八幡小学校に通学していた。筆者は、彼らがわが家の前を通るのに合わせて家を出れば学校に遅刻することはなかった。

彼らは朝の通学では蒸気機関車の引く旅客列車に乗れるのだが、下校時には乗る旅客列車がない。貨物列車の郵便車や貨車に乗って帰るのだ。何度か彼らと一緒に貨物列車に乗ったことがある。貨車の扉は開けっ放しで恐ろしかった。トンネルの中では煙がもろに吹き込んできてむせた。彼らは長短4本あるトンネルを通学の近道に使うこともあった。列車の本数が少ない只見線なので、旅客列車のダイヤは子どもでも知っていた。だが、当時はまだ貨物列車が走っていた。貨物列車の運行は時刻表に乗っていない。トンネル内で貨物列車に出くわさなかったのだろうか。

坂本駅のある集落に入ったことを示す道路標識「朝立」に気がつく人は、たいていは男だが必ず質問する。「なんて読むの？」。「あさだち」。「意味（語源）は？」。語源にはもっともらしい説が2つある。

一つは昔、坂本から会津盆地に向かう途中にある七折峠には追いはぎか盗賊がいて旅人が襲われることがあった。旅人は襲われるのを避けるために朝早く集落を出立した、というもの。もう一つは峠を上り切った先に、影取沼（最近消滅）という小さな沼があった。沼には大蛇が棲んでいて、沼の前を通過しようとする旅人の影を呑む。すると旅人の姿が跡方もなく消えてしまう。旅人は影ができにくい早朝に沼の前を通過して難を避けようとした、というのである。沼は直径20m程度だったが、沼全体にアシが密生していて、ミヤマハンノキの高木が5、6本生えていた。雪解け水で水かさが増した時しか水面は見えなかった。水は青インクを薄めたような色で澄み切っていた。沼の周りには民家がなくいつも静まり返っていた。風でアシがざわざわと音を立てると不気味さが増した。筆者は子どものころ、キノコ採りや栗拾いで沼の周りをうろつくことがあったが、なんとなく背中を沼に向けるのが嫌で、カニの横ばいのようにして移動したのを覚えている。

▼硬式野球部があった清峰伸銅

会津坂下町には清峰伸銅株式会社という会社があった。硬式野球部（1971年廃部）があり、都市対抗野球全国大会に3度出場したことがある。初出場は1959（昭和34）年の第30回大会。1回戦で日本新薬（京都市）を4－2でくだしたが、2回戦で日鉄北松（長崎県鹿野町）に5－0で敗れた。1964（昭和39）年第35回大会と翌年の第36回大会と連続出場を果たしたが、いずれも1回戦で敗退した。出場チームのほとんどが○○市と紹介されている中、「清峰伸銅（会津坂下町）」の表記が輝いているように見えて誇らしく思った。野球部には元プロ野球の選手も何人かいた。

坂本駅から東北電力片門発電所に行く道の途中に、緑が丘球場と呼んでいた清峰伸銅野球部が練習するグラウンドがあった。グラウンド周囲の藪の中に硬式野球のボールをよく拾いに行った。近くに片門発電所の社宅があった。社宅の子どもたちは通学区の八幡小学校ではなく、坂下小学校に通っていた。身なりも筆者たちよりずっと良かった。いつもよそ行きの服で通学しているように見えた。彼らとは全く接触がなかった。筆者は彼らが本来来るべき八幡小学校にではなく坂下小学校に通っていることに反感を持っていた。社宅とグラウンドだったところは工業団地に姿を変えてしまった。かつて社宅があったことを偲ばせるのは、道の右側に残る10数本の桜の木だけだ。

12

会津柳津（あいづやないづ）

微細彫り、赤べこ、奇祭……沿線屈指の観光ポイント

会津若松から33・3km　所在地：河沼郡柳津町柳津
開業：1928（昭和3）年11月20日　無人駅化：1993（平成5）年12月1日

柳津町は日本三大虚空蔵尊の一つ、福満虚空藏菩薩圓藏寺の門前町として発展してきた。古くからの温泉町だが、町の範囲は狭いので見所はすべて効率よく歩いて行ける。

▼世界文化遺産レベルの「柳津の微細彫り」

筆者は駅を出たら真っ先に微細彫刻師・金坂富山（本名・富幸）さんの工房に行く。駅から町に向かう道路の左側に「柳津微彫 富山工房」の暖簾を掲げている。正式な肩書は仏像微細彫刻師。仏像を彫り続けて50年になる。金坂さんは、400年以上の歴史があり「柳津の微細彫り」で知られる仏像の微細彫りの技法を受け継いでいるたった一人の彫刻師なのだ。

金坂さんにもしものことがあれば微細彫りは消えてしまう。会うたびに「後継者は見つかったか？」が筆者の口癖なのだが、まだ後継者は見つかっていない。金坂さんは「私の父は独学で技法を習得した。やる気さえあれば師匠がいなくても何とかなるのではないか」と話す。とはいえ金坂さんは2024年75歳になる。一日も早く後継者が現れるに越したことはない。

柳津町の観光紹介には「柳津町の文化財」と紹介されているが、世界でここにしかない微細彫りは、世

会津柳津駅付近（撮影：星賢孝）

界文化遺産になる価値は十分にある。柳津の微細彫りを後世に伝えていくには，もはや町や県のレベルではなく、国が全面的に支えていくべきではないか。

▼〝一体入魂〟の仕事

微細彫りは1578（天正6）年、圓藏寺の住職が安土城で織田信長に拝謁した帰途、安土城の石段でクルミの殻に入った虚空蔵菩薩像を拾って持ち帰ったのが始まりと伝わる。仏像の微細彫りの技法がどのように確立されたのかは不明だ。これまで何度も技法の中断と復興を繰り返してきた。

微細彫りの中興の祖・月本墨仙師（1846〜1916）は技法の大成者として知られる。月本坊（現在の月本旅館）を経営する傍ら圓藏寺に出仕していた人で、1900（明治33）年の第3回内国勧業博覧会で、作品「木彫俵中蛭子大黒置物」が受賞している。金坂さんの父親は富仙と号し、米国シカゴ市彫刻博物館に「銀杏入七福神」

を出品して入選、同館の名誉会員に推挙され、「ミクロ芸術証書」も授与されている。

クルミや銀杏の殻に七福神が納まっているのを想像してほしい。クルミの厨子は高さが台座を含めて5・5㎝、幅3㎝、中に安置される仏像は高さ7㎜、幅5㎜、銀杏の場合は高さ5㎝、幅2・5㎝、仏像は高さ5㎜、幅3㎜。筆者は寅年生まれなので、守り本尊は虚空藏菩薩。その像を彫ってもらった。台座を含む厨子は高さ6㎝、幅3㎝。中の仏像は高さ3㎝、幅1㎝だ。厨子の材料はクルミ、銀杏、籾殻。彫る仏像の木はマユミやツゲなどだ。

微細彫りの仕事はハードだ。朝9時から午後5時まで座り詰めで、ルーペを使って片目での細かい手作業が連続する。休業日はない。休むのは何か自分に用事ができた時くらいだという。クルミや銀杏の殻に納まる七福神を製作するには、最低3日かかる。最近は自分の予想していた日数より余計にかかることが多くなったそうだ。父親からは「売れるものを作れるようになるには5年かかる」と言われていた。

金坂さんは、微細彫りの仕事を24歳で始めた。修業中は、小遣いはもちろん生活費ももらえなかった。「一日も早く自活できるようになろうと技術の習得に必死でした。3年でやっと売り物になる仏像を彫れるようになりました」と修業中だったころを振り返る。

金坂さんには2人の息子がいるが、息子に跡を継いでほしいとは言ったことはないという。「自分も父に言われてこの仕事を始めたわけではないですし、自分で生活できるようになるまで大変なので、息子たちに押し付けることはできません」と金坂さん。愛知県の若者から技術を教えてほしいと言われたことがある。大黒天が彫れるようになったら弟子入りを認めてもいいと思い、彫り方を教え材料も提供し、出来上がったら送るように言ったが、その後なしのつぶてだそうだ。

仏像の注文を受けるのは、工房に来て展示してある仏像と仕事をしているのを実際に見てもらってから

クルミの殻に納まった七福神

にしている。一度、写真を見て注文してきた人に「イメージしていたのと違った」と言われたことがあるからだ。仏像の注文はそんなに多くはないが、金坂さんの〝一体入魂〟の仕事は続く。

▼駅には「赤べこ」の張り子工房が

20年ほど無人駅だった柳津駅が、「情報発信交流施設」として2024年4月にリニューアルオープンした。柳津町がJR東日本から駅舎を無償で譲り受けて改修・整備を進めていた。施設内には待合スペース、観光案内窓口、カフェがあり、柳津町が発祥で会津を代表する民芸品「赤べこ」の張り子工房もある。

赤べこは1611（慶長16）年の会津大地震で圓藏寺が倒壊し、再建しているときに赤い牛が現れて資材運びなどで活躍した、との伝説がある。人々はその赤牛を「赤べこ」と呼んで敬ったという。

筆者は、赤べこ発祥の地に赤べこの工房がないのを不思議に思ってきた。工房を運営するのは5年前、柳津町に移住してきた群馬県出身の伊藤千晴さん。工房では伊藤さんの指導で絵付け体験もできる。柳津町に来た記念に、自分だけのオンリーワンの赤べこを作れると好評だ。施設内でJR線の切符の販売はしないが、町の観光協会から派遣された職員が8：30～17：00まで常駐している。1927（昭和2）年建築の木造平屋建て駅舎の保存・継承にもなり、只見線沿線の観光の情報発信、交流人口の拡大に期待が集まっている。

▼圓藏寺、そして美術館

会津には古くから子どもが数え歳13になると、成人の儀礼として圓藏寺に参拝する風習があった。十三講詣りといい、お参りすることで13歳の厄を払い、知恵を授けてもらうのだ。筆者も母とお参りした。本尊の虚空藏菩薩は丑年と寅年生まれの一代守り本尊で、丑年と寅年生まれの人たちは篤く信仰している。

名物のあわまんじゅうは、圓藏寺が火災に遭った際、当時の住職が二度と災難に「遭わ」ないようにと、護符として配ったものがもとになっている。原料はもち米と粟で、粟のつぶつぶの食感に人気がある。4店舗が営業している。只見線のイベント列車などの車内では、4店のあわまんじゅうが1個ずつ入った、味比べあわまんじゅうとして600円で売られている。

圓藏寺の舞台からは柳津の街が一望のもとに見渡せる。眼下の只見川のゆったりした流れに春は満開の桜、夏は花火が映える。毎年1月7日に行なわれる七日堂裸まいりは、真冬の雪と寒さをものともせず下帯姿の男たちが113の石段を一気に駆け上がり、圓藏寺菊光堂内の鰐口めざして綱をよじ登る様は天下の奇祭として知られている。この行事は民衆の力で只見川の龍神を追い払ったという伝説にちなんで始まったと言われている。

圓藏寺の石段を下りて温泉街を歩いて行くと、「やないづ町立斎藤清美術館」がある。世界的な版画家・斎藤清（会津坂下町出身）は晩年、柳津町で制作に従事した。美術館で代表作「会津の冬」シリーズを観られるのがうれしい。

美術館の隣には、町立「やないづ縄文館〜土器とくらしのミュージアム」がある。考古学ファンには見逃せない出土品が陳列されている。柳津町は縄文文化の宝庫、2022年に発見された土偶付き土器（人体像把手付土器）をはじめ、有名な石生前遺跡で発掘された土器、石器、土偶や復元住居などが展示されている。土器は縄文中期から後期そして晩期のもので、中でも新潟県などとの交流を物語る、中期中項の火炎系土器などは見逃せない。

くらしのミュージアムのすぐ先、只見川に架かる吊り橋の袂にある魚淵には国指定の天然記念物ウグイ（ハヤ）が生息している。弘法大師が福満虚空藏菩薩を彫った時、木くずを只見川に流したところウグイになったという伝説がある。麩やパンくずなどの餌を投じると真っ黒になって群れ集まる。

▼ユニークなホテル

奥会津と只見線の魅力を発信している人たちが集う場として知られる「花ホテル滝のや」はユニークなホテルだ。筆者も柳津に来たらここに泊まることにしている。２００１（平成13）年から歴史や文化、経済、観光など幅広い分野の専門家が登壇する「花ホテル講演会」を開いている。すでに８００回を超え当面１０００回開催をめざす。「継続は力。気負わずに続けていきたい」と塩田恵介代表。講演終了後は講師と参加者の意見交換会を開くなど、地域の交流拠点としての役割を担っている。

最後にエピソード。柳津町立会津柳津学園中学校の応援歌の歌詞は大林素子さんが作詞した。町にあった二つの町立中学校、柳津中と西山中が２０１８（平成30）年4月に統合し、新たに会津柳津学園中学校として発足した当時、校歌はあったが応援歌はなかった。学園中学の応援歌の作詞を大林さんに依頼したのが当時の校長・髙橋弘悦さんだった。２人は過去に面識があった。最初はバレーボール教室の指導で大林さんが会津若松に来た時、２回目は２００５（平成17）年、大林さんが日本代表チームに帯同してタイのバンコクに行った時で、髙橋さんはバンコク日本語学校の教頭をしていた。髙橋さんは「3度目は大林さんが柳津に講演に来た時で、私が町を案内した。作詞を依頼したのはこの時だった」と当時を振り返る。

町を案内しながら二人は「柳津は気に入っているし興味もあります。温泉に入れるし、おいしいあわまんじゅうも食べたい。また来てもいいですか」「ぜひ学校にも来てください」などと会話が弾んだ。大林さんの肩肘張らない応対にすっかり魅了された髙橋さんは、誘われたように「うちの学校は統合したばかりで応援歌がない。大林さんに作詞してもらえたらありがたい」と言ってしまった。間髪入れず、大林さんは「私は小学校のころから大女と言われコンプレックスを持っていました。それを克服するためにバレーボールに打ち込みました。その思いを詩にしたいと思っていました。作詞する機会をいただけるなら作ります。こんな光栄なことはない。ぜひ作らせてください」と、応援歌を作詞することに意欲を示した。髙橋さんは「いま思えば図々しいお願いをしたものだと汗顔の至りですが、私にそうさせたのは気さくで話しやすい大林さんの人柄のなせる業だったのではないかと思っています」と髙橋さん。ほどなくして大林さんが学校を訪れ「柳津の街を歩きながら、子どもたちの様子も見ながら作詞しました」と、髙橋さんに手書きの作詞を手渡したのだった。手書きの作詞は今も学校の校長室に掲げられている。

応援歌について、大林さんは「1番から3番までがんばれ、がんばれ、なんですけど」と謙遜するが、生徒たちからは「力強くて元気が出る」と好評だ。

13

郷戸（ごうど）

峡谷の沃野が語る開拓の歴史

会津若松から36・9㎞　所在地：河沼郡柳津町郷戸
開業：１９４１（昭和16）年10月28日　開業時から無人

駅の西側に大水田地帯が広がる。広さは１２３haある。東京ドームなら26個分、会津の鶴ヶ城跡なら4個分と言えばイメージできるかもしれない。

▼大水田地帯・郷戸原

この土地は郷戸原といい、南北と西の三方を山に囲まれているが、東側から眺めるとミニ会津盆地だ。只見川沿いの峡谷に集落が点在する柳津町では、いちばん平坦で最も広い土地である。いまでこそ立派な水田地帯となっているが、元は不毛な原野だった。山地で水田をもたない周辺住民の悲願は、畑作から収入の多い稲作への転換だった。住民は１９２３（大正12）年4月、第一次耕地整理事業を起こし、２年かけて28町８反余（約28ha）の水田を開き、堤（農業用ため池）を完成させた。これが今日の大水田地帯につながる、郷戸原開拓の第一歩となった。

住民の稲作への思いを実現したいと思っていた酒井辰太郎は、１９３２（昭和７）年、郷戸原全域の開拓へ乗り出した。辰太郎は当時、隣村の八幡村（現・会津坂下町）で村長や県会議員をした経験があった。家は近隣では名の知られた地主で、屋号の油屋と言えばそれで通った。鉄道敷設に関係し、製糸業を経営したこともあった。
辰太郎は29（昭和4）年、郷戸原開拓の計画を立て、33（昭和8）年、柳津村耕地整理組合が設立された。辰太郎は、計画の必要性を住民に理解してもらうための会合を開いたり、柳津村と県庁への相談・陳情などに奔走した。
33年、ついに工事が始まった。これまでの無理がたたったのか、辰太郎は工事の完成を見ることなく34年、急逝してしまった。62歳だった。郷戸原全域の開拓を志してから6年の歳月が流れていた。辰太郎の遺志は息子の進之が継いだ
工事は始まったが、折悪しく日本は日中戦争の最中で、太平洋戦争へとひた走っていた。開拓に必要な資材や食料は戦争優先で後回しにされた。水源とした東川は、西山村内を流れる滝谷川の

郷戸駅

支流で、郷戸原からは山をいくつも越えた先にあった。郷戸原まで水を引くには、水路だけでなくトンネルを掘る必要があった。使う道具はスコップとつるはし。戦争優先で人手不足も深刻だったが、住民待望の用水は43年に完成した。水源の東川からの水路の全長は８１３０ｍ、トンネル21（総延長３５００ｍ）という大工事だった。柳津町誌によると工事には朝鮮人労働者も従事していた。

▼12年かけて８㎞の水路が戦後に完成

日本全体が戦時体制に組み込まれる中、食糧増産が緊急の課題となり、工事は断続的に続けられた。最

郷戸原（撮影：星賢孝）

終的に工事が完成したのは戦後の1950（昭和25）年6月のことだった。実に12年の歳月が流れていた。トンネルが多いため、地震や大雨のたびに住民は力を合わせて修理を繰り返さなければならなかった。待ちに待った水が来て、生まれた水田は72ha。多くの工事関係者は「この光景を酒井さんに見てもらいたかった」と思ったのではないか。

工事完成から70年以上たったいま、工事に従事した人で生存している人はいない。辰太郎の人となりを語れる人もいない。酒井家の現当主で、曾孫の俊一郎さんによると「辰太郎は死の間際まで開拓のことばかり気にかけて、家のことなど一切語らなかったと聞いています。跡を継いだ祖父の進之は、お金の面でも辰太郎の後始末に苦労したそうです」とのことだ。

筆者の母方の祖父の生家は、この郷戸原の西側の山奥にある。猪鼻という集落で、そこへ行くには会津柳津駅で降り、銀山川沿いの道を歩いて行くのが普通だが、郷戸駅で降りて行くこともあった。母とよくこの田んぼ道を歩いた。母はここが開拓によって生まれたことを、いつも説明してくれるのだった。「昔ここは松林だった。それを油屋の人が遠くから水を引いてここまでにした」。

筆者は郷戸原を、奥会津を代表する絶景の一つだと思っている。山の上から郷戸原を撮った写真を探していたら見つかった。奥会津の郷土写真家を自認する、星賢孝さんの写真集『只見線写真集 新・四季彩々』（2024年8月発行・言視舎）に1枚あった。水を張られ水鏡になった春の郷戸原。手前に只見線を行く列車を配し、郷戸原の借景に磐梯山を取り入れている傑作だ。「さすが星賢孝！」と叫びたくなった。

▼会津藩の財政を支えた軽井沢銀山

筆者の母方祖父の生家がある猪鼻から山道を登って行った先に、会津藩の財政を支えた軽井沢銀山がある。遺構はほとんど失われていて、かつてここに銀山があったことを示すのは説明板と赤レンガの溶鉱炉の煙突だけだ。

銀山は、1895（明治28）年、福島県内でいちばん早く電灯が灯ったところと伝わっている。銀の採掘は戦国時代中頃から始まり、有数の大鉱山だった記録もあり、96年に閉山するまで約330年間存在した。閉山は、政府の金本位制採用による銀価格の暴落が原因とされる。

会津藩支配時代は、地震や飢饉の影響で閉山と復活を繰り返していたので、実際の採掘期間は200年に満たない。明治になって古河財閥の創始者・古河市兵衛が近代的精錬技術を採用、精錬量が増大した。銀山で働いていた人たちが住んだ住宅は1000戸にも及び、郵便局、刑務所、遊郭まであった。現在、坑道は閉鎖され建物もほとんど取り壊されており、高さ25mの赤レンガ製の溶鉱炉の煙突のみが当時の繁栄を物語っている。煙突上部の崩壊が始まっており、近づくのは危険だ。

銀山に働いていた人の出身地は全国に及んでいて、ここで亡くなった人の墓碑が銀山北方の山麓に残っている。二群の墓碑には全国各地からここに来た人たちの名前が刻まれている。確認しようと思ったが、銀山跡全体が自然に戻りつつあり、たどり着けなかった。会津の歴史にとって重要な場所だが、史跡として整備・保存するにはあまりにも山奥で不便すぎるのが障害になっているのかもしれない。

14

滝谷（たきや）

奥会津で暮らすということ

会津若松から39・6㎞　所在地：河沼郡柳津町郷戸
開業：1941（昭和16）年10月28日　開業時から無人

滝谷駅は柳津町西山地区とさらにその奥の昭和村の玄関口で、只見川支流の滝谷川と昭和村に向かう県道32号（柳津昭和線）沿いに集落が点在する。

▼「山峡の村の原風景」

奥会津は日本の原風景と呼ばれるところが多い。西山地区は地区を流れる滝谷川に周囲の山々が迫り、濃い緑の中に温泉旅館や民家が点在する。これを原風景というなら、「山峡の村の原風景」と言うべきかもしれない。

ただし、観光パンフレットに載るような名所・旧跡があるわけではない。観光と言えば、温泉、飲食（酒と郷土料理）、史跡や絶景ポイントを楽しむことなのだろうが、西山地区には温泉があるだけだ。酒蔵はないし、滝谷川で採れる川魚と豊富な山菜を使った料理は確かにうまいが、それ以外にアピールできるものは少ない。

筆者は実家に帰ると、車で約30分かけて日帰り温泉施設「せいざん荘」に入りに来る。物音ひとつしない静けさと、お湯が肌に柔らかく感じ、うっすらと漂う硫黄の匂いに癒されるからだ。

滝谷駅

西山温泉の始まりは717（養老元）年と言われている。昔から「神の湯」とも呼ばれ、多くの温泉客でにぎわった。8つある源泉はそれぞれ泉質が違い、すべてに入浴すれば万病も治ると言われてきた。いまは5軒の旅館と日帰り温泉施設1棟があるだけになってしまった。柳津町観光協会に確認すると、旅館として常時営業しているのは2館だけで、3館は宿泊できるかどうかを直接問い合わせるしかない、とのこと。営業している滝の湯旅館には2つ、旅館中の湯には3つの源泉がある。

▼久保田地区の見どころ

滝谷川の支流・東川を遡った久保田地区は筆者が気に入っている場所だ。小高い丘陵に「まわり観音」とも呼ばれる三十三体の石の観音菩薩が円形に並んでいる。1818（文政元年）年、地区の一戸が一体を担当して刻んだという。参拝は左回り。一周り234m、5~6mおきに聖観音、如意観音、十一面観音、千手観音、馬頭観音などが確認できる。十字架を手にした「マリア観音」（聖観音）は7番目にあり、山深いこの地にも隠れキリシタンがいたことをうかがわせる。昔から安産と健康祈願の観音様として親しまれ、毎年旧暦3月17日（4月29日）には「久保田三十三観音まつり」が行なわれている。妊婦は一人で一周して安産を祈った。

▼西山地区の中学校秘話

高校時代、仲の良かった2人の友人は西山地区から高校に通っていた。羽賀洋君と伊藤隆君だ。筆者たちは3人とも卒業後は東京の大学に進学、大学時代も仲良く付き合っていた。たまに3人で会うたびに、2人の口からきまって出るのが「クラブ活動をしたかったなあ」というぼやきだ。家から最寄りの滝谷駅までの距離が3里（約12km）あり、歩いて通ったというのもよく聞かされた。筆者は「なんでクラブ活動ができなかったのかな。いくら何でも歩いて12kmは無理だろう」程度しか思っていなかった。それが只見線の取材を始めて、2人の言っていたことが事実と知った時の驚きは言葉に表せない。

そのきっかけは2人に「只見線の本を書いている」と伝えたことから始まった。2人とも二つ返事で協力を約束してくれた。ほどなくして羽賀君から「中学校の同級生たちと中学時代の思い出を綴った『思い出新聞』がある。本を書く参考になるかわからないが、読んでみて」と、A3版7ページの「西山中学校昭和39年度卒業生新聞」（2021年8月作成）が送られてきた。

羽賀君に新聞を作った目的を聞いた。「3年間の中学時代は楽しい、懐かしい思い出だけではない。辛く悲しいこともあった。それも同級生一人ひとりが違う体験をしている。それぞれが学校生活や通学の時などの体験を出し合うことは、それがみんなの共有財産になり、子どもや孫に受け継がれ、何かの役に立つかもしれないと思った」と羽賀君。新聞を作る簡単な趣旨の文とともに、原稿用紙と返信用封筒・切手を同封して同級生たちに送った。費用は自腹だった。どのくらい返事が来るかと思っていたら、27人（約8割）から返信が届いた。中には中学時代の写真や5千円札、1万円札を同封してくれた同級生もいた。「みんな自分と同じ思いなんだな」とうれしくなった。

返信の内容でいちばん多かったのは、通学の大変さだった。学校までの片道を歩いて1時間や2時間は当たり前。最も遠い通学は、山道を4㎞歩き、自転車に乗り換えてさらに8㎞というのがあった。この同級生は、腹のすいた帰り道に食べるおにぎりなどを道端の神社に置いていたという。それを食べて腹ごしらえをし、険しい山道をがんばって帰って行ったという。

次に多かったのは、冬の雪道での苦労。「雪で真ん中が馬の背のようになった道を通った」「吹雪の雪道を月明りだけを頼りに、1時間半もかかって通った」「除雪されていない道を急いで、2時間目の授業が始まる頃、頭から湯気を立てて教室に駆け込んだ」。

そんな生徒たちに村の人たちはやさしかった。「雪まみれになった脚絆を途中の商店に脱いでいくと、帰りまでに乾かしておいてくれた」「集落の人たちがカンジキで雪踏みをし、通学路を確保してくれた」。

冬の寄宿舎生活では、「近くにある温泉に入りに行く日が男子と女子で違っていて、チケットを買って行った。1回10〜30円だった」「土曜日の午後に家に帰り、日曜日に1週間分のコメとおやつなどを持って、寄宿舎に戻った」。朝の起床の音楽が「ワシントン広場の夜は更けて」だったというのには、思わず笑ってしまった。夜の音楽をなぜ朝の起床に使ったのか、考えた人に理由を聞きたくなった。

▼当時の通学を再現してみた

「滝谷駅」編を書くにあたって2人が生まれ育った集落と滝谷駅までの距離、通学に使っていた只見線のダイヤを調べてみた。結果は、滝谷駅までの距離は2人が言っていた通りで、当時の列車ダイヤではクラブ活動はできないこともわかった。県道は改修が進み舗装され、道幅も広くなり、バイパスやトンネルで2人が歩いた頃より2㎞近く短くなっていた。

2人の家は西山地区の中心、砂子原から少し奥の黒沢（伊藤君）と冑中（羽賀君）にある。2人の通学風景を再現するとこうなる。羽賀君が朝起きるのは4時半。朝飯を食べて5時には家を出る。伊藤君の家まで約20分。5時半には伊藤君と一緒に滝谷駅まで歩く。所要約2時間半。かなりの速足だ。しかも下駄ばき。なぜ下駄ばきで歩いたのか。「バンカラを気取っていただけ」だそうだ。

下駄は滝谷駅にあった下駄箱に入れて靴に履き替え、只見線に乗った。乗るのは蒸気機関車が牽引する客車列車だった。会津川口始発6時42分－滝谷発7時35分－会津坂下着8時14分ごろとなる。時刻表に小さい駅の着時間は書かれていない。会津坂下駅は列車交換をする駅で、停車時間が10分以上になる。一つ手前の塔寺駅発が8時9分なので、会津坂下着を8時14分と推定した。これで学校に遅刻しないですんだ。帰りは、会津坂下発14時58分－滝谷発15時28分に乗る。滝谷着は同時刻と考えて大丈夫だろう（以下同じ）。この後の列車は、会津坂下発17時6分－滝谷発17時59分。この列車で乗れるバスはない。疲れた体で帰りもまた2時間半も歩きたくない。バスに乗るにはクラブ活動をあきらめて、早い汽車で帰らざるを得なかったのだ。

3年生からは羽賀君のバイク・ホンダのベンリィで2人乗りをして通った。バイク通学は認められていなかったので、只見線の車内で一緒になる先生たちに見つからないように気を遣った。歩いていた時に比べたら天国だったが、砂利道なので「体中が埃だらけになってまいった」（羽賀君）。

参考までに、会津柳津駅前に静態保存されている蒸気機関車「C11　244」号機は、2人が乗った客車を牽引していたのだ。

滝谷駅前に60代の夫婦がやっていた大黒屋という食堂があり、バスの時間までよく過ごした。育ち盛りで腹がすいていたので、ラーメンと一緒に天ぷらもよく食べたという。

滝谷川橋梁（撮影：星賢孝）

以下は天ぷら談義。「まんじゅうの天ぷらとスルメを水で戻したイカ天ぷらは最高だった。カジカとハヤの天ぷらもうまかったなあ」「カジカとハヤは串に刺して、囲炉裏の周りで焼いたのは食ったことがあるが、天ぷらは食ったことがない。味はどうだった？」「結構うまかった。あの当時、滝谷川にはカジカもハヤもいっぱいいた。水中眼鏡で水の中を覗くと、底にカジカがじっとしているから、ヤスで簡単に突けた」「うらやましいな。まんじゅうの天ぷらは懐かしい。もう何十年も食っていない」「あれはホントにうまかった。まんじゅうを天ぷらにして食うのは会津以外にもあるのかな。暇なんだから調べてみれば？」「そうだな。それよりまず天ぷらまんじゅうを食ってからだ」。

旧西山村が柳津町と合併したのは１９５５（昭和30）年３月。合併前の村の人口は１９５０（昭和25）年の国勢調査によると、約３５００人。

２０２４（令和６）年5月31日現在の柳津町の総合人口は２８８６人、旧西山村の合併前の人口をも下回っている。

旧西山村の中心は砂子原で村役場や小中学校があった。滝谷駅から約７㎞、車なら約10分の距離だ。西山中学校は２０１８（平成30）年４月、柳津中学校と統合して柳津学園中学校となった。廃校となった木造2階建ての旧校舎は改修され、柳津町西山支所、保育所、診療所が同居する「地域交流センターゆきげ館」として生まれ変わり、いまも変わらず西山地区のシンボルとして住民に利用されている。

１９７５（昭和50）年発行のＳＬ切手シリーズに、煙と蒸気に包まれて勢いよく滝谷川橋梁を渡る蒸気機関車の図柄のものがある。

15

会津桧原（あいづひのはら）

降りて撮りたいメルヘンチックな駅舎

会津若松から41・５㎞　所在地：大沼郡三島町桧原
開業：１９４１（昭和16）年10月28日　開業時から無人

会津桧原駅

まるでおとぎの国や童話の世界の入口かのような外観の駅舎が目を惹く。只見線36駅中、いちばん人気のある駅舎だ。鉄筋コンクリート造り、クリーム色の円筒形の建物に、襞のある三層構造の編み笠のような屋根が載っている。屋根の色は鮮やかなエメラルドグリーンだ。屋根だけ見れば武士の兜のように見える。駅舎はホーム側と集落側が対称形になっている。

現在の駅舎は２００３（平成15）年3月に改築されたものだ。当時、ＪＲ東日本が職員を対象に募集した駅舎デザインコンテストで、周囲の自然に溶け込む駅舎として採用されたらしい。「らしい」というのは、改築から21年たって、デザインコンテストの資料がＪＲと駅舎を建てた会社の双方に残っていないため、詳細がわからないからだ。

駅舎の背後に只見線の2両編成の車両が止まっている風景は、撮り鉄ならずとも写真を撮りたくなる。円形の待合室は、半分が造り付けの長椅子になっている。湾曲しているので横になって休めないのが残念だ。もっと残念なのは、トイレがないことだ。これだけ凝ったデザインなのに、なぜトイレを造らなかったのか不思議でならない。撮り鉄や急に用便の必要に迫られた人は、トイレを駅近くの民家に借りに行っているのが現状だが、駅舎にトイレを設置する計画はない。メルヘンチックな駅舎が利用者不在の象徴のようではいけない。

▼周辺住民による粘り強い駅設置請願の運動

会津桧原駅誕生には、周辺住民による粘り強い駅設置請願の運動があった。1941（昭和16）年10月28日、鉄道省の会津線（現只見線）が、会津柳津から会津宮下まで延伸したのに伴い、会津桧原駅が仮停車場として開業した。当時の駅名は会津檜原で1994（平成6）年12月3日に会津桧原に改称された。

開業までは一筋縄ではいかなかった。上り会津若松方面の隣駅・滝谷駅との距離はわずか1・4㎞、下り会津西方駅とは2・2㎞しか離れていない。駅間4㎞もないところに駅を開設することに対し、なかなか首を縦に振らない鉄道省に、当時の村長や有志が何度も上京し、駅開設を陳情した。冬期間2m以上の雪に閉ざされる地理的条件、児童生徒の通学、郵便物の配送、自治体間の連絡などの不便さを切々と訴えた陳情書が残っている。

住民の熱意が功を奏したのか、仮停車場開業が認められ、さらに1年後の42年6月1日には、晴れて常設駅に昇格した。

只見線取材で何度も会津桧原駅を通過したが、車内の撮り鉄や乗り鉄たちは駅のホームに降りて駅舎の写真を撮りたい様子だった。駅のある桧原地区は40数戸の集落で、少子高齢化が進んでいる。筆者は一度も乗り降りする人を見たことがなかった。乗降客がいなければ列車のドアは開かない。駅舎の写真を撮りたい人たちは、やむを得ず車内から撮っていたが、いかにも残念そうな表情をしていたのが忘れられない。イベント列車なら1分程度の撮影タイムを取ってくれるかもしれないが、通常ダイヤではそうはいかないのだろう。

駅舎の写真を撮るために下車するのは勇気がいる。1日6往復しかないダイヤでは、次の列車に乗るためには最低3時間は待たなければならないからだ。

▼火祭り「サイノカミ」

桧原地区が属する三島町は民俗行事の宝庫だ。町には毎年小正月の1月15日に、1年の無病息災、村中安全、五穀豊穣などを願って行なわれる火祭り「サイノカミ」がある。国指定重要無形民俗文化財の伝統行事で、町のほとんどの地域で行なわれている。桧原の人たちは昔から漢字表記の「歳神」と呼んでいたが、三島町の正式呼称は「サイノカミ」。カタカナ表記には、筆者だけでなく違和感を持っている町民は少なくない。

桧原地区では、村人総出でサイノカミの準備をする。まず、火祭りの中心となる御神木となる高さ12～15mの木を山から切り出す。会場となる田んぼや畑の雪を踏み固めて広場をつくり、中央に御神木を立てる。稲藁やカヤ、青竹、爆竹などと、各家から持ち寄った正月飾りや御幣を御神木に巻きつける。区長とその年の厄年の男女が御幣に点火してサイノカミは始まる。御幣の燃え方でその年の豊凶を占う。燃え盛るサイノカミの周りでは、厄年の男女が、ミカンやお金、お菓子を撒く。御神酒も振る舞われる。サイノカミの火にあたり、持ち寄った餅やスルメを焼いて食べると病気にならないと信じられている。

桧原地区では、ここでしかない「子どもサイノカミ」が毎年2月の第2日曜日に行なわれている。子どもサイノカミの起源ははっきりしない。長年、町広報の町民記者を務めた佐々木邦雄さん（76歳）が古老から聞き取りをしたところによると、１２０年以上前から続いていると推測されるそうだ。

２０２４年は2月11日に行なわれたが、御神木は1月のサイノカミのものを再利用し、７ｍほどにして使った。毎年参加する子どもの人数が少なくなっているので、実際の運営は地区の役員が中心になっている。この年の子どもの参加は親の同伴で３人だった。子どもたちにはお菓子や飲み物が配られた。

「あと10年もすれば桧原の戸数は半減するだろう。それでもサイノカミと子どもサイノカミは、規模を小さくして続けていく。長い間守り受け継いできた伝統行事を消滅させられない。」と佐々木さんは話す。

サイノカミの前日の1月14日には、「鳥追い」が行なわれる。サイノカミと同じく町の多くの地区で行なわれている。県指定重要無形民俗文化財で、集落を練り歩きながら、昔から伝わる歌を歌いながら害鳥を追い払い、豊作を願う小正月行事だ。桧原地区では鳥追いの旗をつくり、それをかざしながら「今日はどこの鳥追いだ　長者様の鳥追いだ　ホヤー　ホヤー」などと歌いながら集落を練り歩く。

素朴な伝統行事が、これからも受け継がれていくことを願わずにはいられない。

16

会津西方（あいづにしかた）

必見の桐製品と編み組細工の生活工芸館

会津若松から43・7㎞　所在地：大沼郡三島町名入
開業：1941（昭和16）年10月28日　無人駅化：1993（平成5）年12月1日

第一只見川橋梁と第二橋梁の間にある駅で、かつては木造の大きな駅舎があったが、いまはホーム上に小さな待合室があるだけだ。

▼品質日本一と言われる会津桐

只見線と並行している国道400号を会津若松方向へ15分ほど歩くと、桐製品の工場（会津桐タンス株式会社）と、編み組細工の展示・販売をしている三島町生活工芸館がある。工場では一人の職人が一棹ずつ丁寧に仕上げる「会津総桐箪笥」をはじめ、さまざまな桐製品を製造する工程が説明付きで見学できる。桐箪笥をはじめ家具などの桐製品は、只見川を挟んだ反対側にある「道の駅 尾瀬街道みしま宿」の2階展示室で見られる。

桐は国産材のなかでもっとも軽く、水の比重1に対して0・3ほどしかない。一般に桐は湿気に強く燃えにくいとされる。福島県は桐の国内生産量（230㎥・2022年度）の約7割を占め、30年以上も全国1位の座を守っている。福島県産の桐はほぼ会津桐と言っていい。

その会津桐の植栽と製造の中心がここ三島町なのだ。女の子が生まれたら家の周りに桐を植え、嫁ぐ日には嫁入り道具の一つとして桐箪笥などにして持たせる――かつて会津ではこんな風習があった。今はすっかり廃れてしまったが、三島町ではそこかしこに桐の畑が見られる。畑では春から初夏にかけて薄紫色の釣り鐘型の花が咲き、畑の周りは甘ったるい匂いに包まれる。

品質日本一と言われる会津桐の特徴は、おおむね以下のようになる。

桐にはセサミン、パウロニンという防虫効果を持つ成分が含まれており、大切な衣類などを保管するのに最適とされる。

木目の間隔が繊密で適度な硬さと木目に光沢があり、かんなをかけると銀白色の美しい輝きが生まれる。桐の繊維が細かく一度乾燥した後は水が中に入りにくい。内側に空気層が多いため、燃えても表面が炭化しやすく、中までは燃えにくい。

会津西方駅

実際、火事の時に桐箪笥の中身が燃えずに残っていたという話は、昔からあった。最近の例では、会津から岩手県釜石市に嫁いだ人の会津桐箪笥が東日本大震災の津波で海に流され、泥だらけになって浮いていたが、内部には1滴の海水も入っていなかった、という話が伝わっている。

会津桐たんすの工場を見学した後は、ぜひ「道の駅 尾瀬街道みしま宿」の2階展示室にも足を運んでほしい。

▼全国から人が集まる「ふるさと会津工人まつり」

広場を挟んで工場の向かい側にある三島町生活工芸館では、毎年6月の第2土曜日と日曜日に、全国の手作りの工芸品など展示・販売するイベント「ふるさと会津工人まつり」が開かれる。三島町では1年を通した最大のイベントで「てわっさの里まつり・山と木の市場」も同時に開かれる。「てわっさ」は会津弁の「わっさする（慰みにしていじくる）」から転じて玩具ほどの意味だ。

このイベントは、１９８６（昭和61）年の生活工芸館の開館と同時に始まった。豪雪地帯にある三島町は、冬になると約２ｍの雪で覆われる。そんな冬の農閑期のものづくりの伝統を受け継ごうと、昭和50年代から始まった生活工芸運動が工芸館建設につながり、さらにイベントへと発展してきた。総人口が１３００人に満たない町に、その10倍近い人が毎年、全国から集まってくる。２０２４年は6月8日と9日の２日間開かれ、全国から編み組細工、木工、陶磁器などの工芸品を扱う約１７０店舗が参加、来場者は2日間で1万1千人を超えた。

イベントの最大の魅力は、来場者が国の伝統的工芸品に指定された三島町の「奥会津編み組細工」の優品に出会えることと、全国の職人が持ち寄った作品に直に触れることで、作り手と使い手の交流の場となっていることだ。

特に人気のある編み組細工は、三島町の山間部で採取されるヤマブドウの蔓、ヒロロ（ミヤマカンスゲ）、マタタビを素材に山間地における積雪期の手仕事として、日常の生活に用いる籠や笊などが伝承されてきた。丈夫なうえに実用的で使いやすく、デザインも優れているのが魅力で、２００３（平成15）年に国の伝統工芸に指定された。

生活工芸館では、編み組細工以外にもアケビの蔓、藁、ガマ、木工などを素材とした各種細工、染織などの工芸品も展示されており、編み組細工と陶芸の体験もできる。

生活工芸館に隣接する「三島町交流センター 山びこ」では、町内にある約2400年前の縄文時代の荒屋敷遺跡から見つかった編み組細工を見ることができる。同遺跡が低湿地帯にあり地下水内の酸素が不足していたため、有機質の遺物があまり分解されずに残り、編み組細工の発見につながった。

三島町では、ものづくりを通した移住・定住を目的とした「三島町生活工芸アカデミー」を開講している。アカデミーは、ものづくりで自活できる能力を身に付け、生活工芸や伝統文化の継承、地域の活性化などで町の担い手を目指す1年間の講座だ。応募者は三島町に暮らしながら、町の生活文化、民俗行事、農林業などの体験や、生活工芸技術を習得する。関心のある人は三島町生活工芸館へ問い合わせを。

〒969－7402　福島県大沼郡三島町大字名入字諏訪ノ上395
電話0241－48－5502　Mail：kougeikan@town.mishima.fukushima.jp

▼若い世代に人気の西隆寺「乙女三十三観音」

生活工芸館から坂を上ったところにある西方地区には、訪れるべきところが2カ所ある。西隆寺と「大林ふるさとの山」だ。

西隆寺は811（弘仁2）年に法相宗の僧が西方地区に庵を結び聖徳太子立像を安置したことから始まる曹洞宗の古刹だ。寺は1816（文化13）年に現在地に移って来た。秘仏の太子像は一木造り、高さ3尺3寸（約1m）あり、普段は厨子に納められているが希望すれば開帳する。

山懐の静かな境内には1970年代に制作されたという大小33体の石彫りの「乙女三十三観音」観音像

西隆寺「乙女三十三観音像」の碧玉かんのん

が安置されており、女性をはじめ若い世代の間で人気があり、参拝者が増えている。この石仏群は、当時20歳代だった石工師の姉妹が長い時間をかけて完成させたもので、どの石仏も柔和な微笑みと優しい眼差しをしており、年齢を問わず多くの人たちに信仰されている。石仏にはそれぞれ通称があり、第一番は哀切かんのん様、第三番は母心かんのん様、第八番は恋慕かんのん様などと呼ばれている。

▼カタクリとオオヤマザクラの花の共演「大林ふるさとの山」

広大な敷地にカタクリとオオヤマザクラの花の共演が見られる「大林ふるさとの山」は、駅から国道４００号を経て、西方の集落へ入り、狭い山道を上った先にある。町内の国道２５２号沿いから会場までは、案内看板が設置されているので道に迷うことはない。

約８ha（東京ドーム約２個分）の広い山の斜面を埋め尽くす紫色のカタクリが群生しているさまは、絨毯を敷き詰めたようだ。その上を約４００本のオオヤマザクラの濃いピンク色の花が天蓋のように彩る。

カタクリの株数は多すぎてどのくらいあるのかわからないそうだ。敷地内は散策路がよく整備されている。敷地内の湿地にはミズバショウもある。

花の見ごろになると、週末を中心に西方地区と西方共有財産管理会、三島町の共催で「カタクリ・さくらまつり」が開かれる。会場の広場では地元の特産品の販売も行なわれる。まつり期間中の週末は、会津宮下駅から列車の到着に合わせてシャトルバスも運行される。花の見ごろはおおむね4月下旬～5月初旬にかけてだが、年によって違うので、町の観光協会に花の咲き具合を問い合わせてから行くのが望ましい。

「大林ふるさとの山」は、西方共有財産管理会がオオヤマザクラの植樹など、一年を通して整備・管理をしている。オオヤマザクラの管理・保護・育成に努めていることが評価され、西方共有財産管理会は2019（平成31）年3月、日本さくらの会の「さくら功労者」に選ばれた。

17

会津宮下（あいづみやした）

絶景「アーチ三兄弟」と会津学

会津若松から45・4㎞　所在地：大沼郡三島町宮下
開業：1941（昭和16）年10月28日　無人駅化：2023（令和5）年12月1日

駅所在地の自治体名は三島町。筆者は子どものころ、海と縁のない山奥の町の名前が三島というのに違和感を持っていた。改めて調べてみたら、旧宮下村と旧西方村が合併した際に、旧西方村が旧村名を一文字たりとも使わないよう主張したため、旧宮下村内にある三島神社から村名を採ることで決着した、とのことだった。二つの村名を足して二で割ったような名前の付け方は味気ないが、ひと工夫して奥会津にある町らしい名前を考えてもよかったのではないか。

只見川沿いの奥会津の町村は、平地が少ないため集落が一塊になって点在しているところが多い。三島町も例外ではなく、町には只見川が形成した峡谷に18の集落がある。どの集落も古い農家が比較的よく残っていて、時の流れが緩やかに感じられる。

▼「観光交流館からんころん」

駅周辺の観光は、駅のすぐ近くにある「観光交流館からんころん」から始まる。古民家を改装した建物で、休憩のできる観光案内所だ。三島町は桐と桐工芸の町で知られる。「からんころん」は桐下駄を履いて歩いた時に奏でる音をイメージして、親しみやすさを強調して命名した。観光交流館の「舘」も「館」

アーチ三兄弟（撮影：星賢孝）

にしなかったのは、元は民家だったことと、誰でも気軽に立ち寄れる場にしたい、との願いが込められているからだ。舘内では、町の特産品である山菜の加工品のナメコの缶詰、ワラビのたまり漬け、蜂蜜、エゴマ油なども買える。

特産の桐材の炭を使って濾過した水で淹れるコーヒーは絶品だ。桐炭は水道水のカルキ臭や塩素系物質を素早く吸収する。水を通すだけで浄水でき、同時にカリウム、マグネシウム、カルシウムなどのミネラル分を還元する。桐炭で濾過した水は、舌触りがよく、まろやかな味に変わる。コーヒーは1杯200円という信じられない値段で楽しめる。

会津宮下駅で乗り降りする、あるいはからんころんの前を車で通るときは立ち寄って、ぜひこのコーヒーを飲んでほしい。毎月第2、4の土曜日と日曜日には、地元のそばの会の人たちが昼食時に蕎麦を提供している。11時から午後2時までだが蕎麦を目当てに遠くからわざわざからやってくる人も多い。

▼アーチ橋が三つに重なった絶景ポイント

駅から只見川と只見線の絶景ポイントまで歩いて行けるのもうれしい。「宮下アーチ三兄弟」で知られるポイントには、歩いて5分ほど。国道252号、只見線、県道237号のアーチ橋が三つに重なった状態で見ることができ、撮り鉄や観光客が絶えることはない。

第二只見川橋梁にも歩いて10分ほどで行ける。いちばん人気の第一只見川橋梁は少し遠いので、ころんのレンタサイクル（電動アシスト付き、3時間500円）を利用すれば楽に行ける。展望台上り口手前にある「道の駅尾瀬街道みしま宿」では桐炭を使った真っ黒な桐炭ソフトクリーム（300円）が食べられる。

観光の後の楽しみは温泉だ。駅周辺には、只見川を挟んで宮下温泉と総称される、栄光舘、ふるさと荘、桐の里倶楽部、ひだまりの4軒の温泉施設がある。炭酸水素塩泉と硫酸塩の2つの源泉があり、泉温は55・0℃と熱めだが神経痛などに効くと言われている。浴室や休憩室からは只見川の流れや只見線の列車が眺められる。

▼『会津学』の奥会津書房

活字離れが進み、全国の市町村で書店ゼロの自治体が482自治体（2024年3月現在）と、全体の28％近くに達している中、ここ三島町で地域の文化を掘り起こし、出版物として残そうと頑張っている出版グループがある。駅から歩いて5分ほどのところにある奥会津書房がそれだ。主宰者は遠藤由美子さん

（75歳）。出版グループと書いたのは、１９９７（平成10）年秋の創立以来、編集長以下１人の個人事業主として、法人格を持たないまま現在に至っているからだ。

創立以来、出版活動の原資は、有志による行政や個人の出版活動への協力から得られる報酬、個人の原稿料などで賄っている。出版に必要な取材費は、書き手がほぼ１００％自腹を切っている。地域の暮らしや文化を書き残したい、と思う人が取材し書き手になるのであって、誰もお金のために書いているわけではないからだ。

出版活動の転機となったのが、民俗学者の赤坂憲雄氏との出会いだった。２００４（平成16）年、福島県立博物館の館長に就任した赤坂氏と「会津学研究会」を発足させた。この時、赤坂さんから贈られた言葉は「汝の足元を深く掘れ。そこに泉あり」というものだった。遠藤さんたちは赤坂さんの言葉を「他者に価値づけられたものではなく、自らの手で探り、それを自ら地域の宝とせよ」と理解した。これを機に『会津学』という地域誌の編纂・発行が始まり、『会津学』は7号、『別冊　会津学』は2号まで発刊、その間にも多くの出版物を世に送り出してきた。

地域誌『会津学』創刊号（２００５年8月）では、特集「会津に生きる」の中で、スタッフの渡部和さんが書いた「渡部家の歳時記」は、義理の父母が守ってきた四季折々のしきたりや行事を淡々と書き綴った生活の記録で、高く評価された。

この他、文化シリーズ全5巻、映像による聞き書きとも言うべき、ふるさとシリーズ写真集「蘇る記憶」（3部作）、研究会のメンバーが中心となって小・中・高校生に聞き書きを指導し、1冊の本にまとめた会津学叢書『子ども聞き書き〜じいちゃん　ありがとう』（全12巻）は、行政機関と連携した出版活動として12年続いた。この結果、多様な奥会津の暮らしや風土が、地域史としての貴重な記録として残されることになった。かつての暮らしを祖父母たちから聞くことで、子どもたちは祖父母たちに対する深い敬意と感謝の気持ちを抱くようになった。祖父母たちには自らの人生を孫が肯定してくれた、という喜びが生まれるなど、企画段階での想定を大きく超える成果があった。

残念なことに、これらの書籍は出版されてから10年以上たったものが多く、在庫はほとんどない。奥会津の歴史、文化、風土などを研究する上で一級の史料価値を持つだけに、再版を望みたい。

奥会津書房の活動を母体に「聞き書き・執筆を媒体とした知の運動」（遠藤さん）は多くの執筆者の活動の舞台ともなってきた。２０２２（令和４）年には、只見川電源流域振興協議会（只見川流域町村の共同振興組織）と連携したweb サイト「奥会津ミュージアム」を立ち上げた。奥会津ミュージアムは、奥会津地域をエコミュージアムと見立て、そこに住む人たちのありのままの生活や文化を発信する場だ。現在、13人のライターが、エッセイ、歴史、小説などを月２回更新して掲載している。奥会津の風土、歴史、自然の恵みと災厄などを綴った多彩な情報は日ごとに購読者を増やしつつある。

奥会津書房
住所：〒９６９－７５１１　福島県大沼郡三島町宮下字中乙田９７９
営業時間：月曜日から金曜日、午前9時から午後6時まで
※電話による本の注文は、午後4時まで
電話０２４１－５２－３５８０　ＦＡＸ０２４１－５２－３５８１
メールアドレス：oab@topaz.ocn.ne.jp

18

早戸（はやと）

霧幻峡をめぐる奇跡の物語

会津若松から51・2㎞　所在地：大沼郡三島町早戸
開業：1956（昭和31）年9月20日　開業時から無人

「わあっ、冷た〜い」。若い女性が舟縁から川に手を浸し、悲鳴のような声をあげる。舟に乗った人たちとそばを走る只見線の列車の乗客たちが互いに手を振り合う——。いまや奥会津観光と只見線の旅ではいちばんの観光名所となった、霧幻峡の渡しの風景のひとこまだ。渡し舟に乗る観光客は年ごとに増え続け、2023年は6500人余り。24年は前年を上回る勢いで観光客が押し寄せている。観光客のお目当ては、霧幻峡で発生する川霧を渡し舟に乗って見ることだ。川霧に出合えなくても、渡し舟に乗って川面から見渡す霧幻峡の風景は四季を通じて美しく、誰もが満足して舟を降りる。渡し舟の桟橋は、早戸駅のすぐ上流にある。

▼霧幻峡の川霧

霧幻峡に川霧が発生するのは、只見川の流れと水温が関係している。尾瀬沼を水源とし日本有数の豪雪地帯を流れる只見川は支流の雪解け水が大量に流れ込み、夏でも手が切れるような冷たさだ。霧幻峡は下流にある宮下ダムのダム湖になっていて、水の流れは静かで穏やかだ。川霧は夏の6月から8月にかけての早朝、夕刻に発生しやすく、発生頻度がいちばん高いのは7月中旬だ。冷たい只見川の水に暖かい空気が触れると、川の表面の水が温められて霧が発生する。これが朝の川霧。逆に、日中に温まった川の表面に冷たい空気が触れて発生するのが夕方の川霧だ。霧幻峡の辺りは両岸に急峻な山が迫り、峡谷を形成しているので強い風が発生しにくい。発生した川霧は緩やかな流れと風の影響の少なさにより、すぐには消えず峡谷に長く滞留する。霧の発生は自然現象だが、ダム湖による広い水面が大量の霧を発生させて爆霧となる。

戦後の電源開発（水力発電用のダム建設）により、只見川には現在、最下流の片門ダム（会津坂下町）から福島・新潟県境にある最上流の奥只見ダムまで階段状に10のダムが連なっている。ダムに挟まれ霧幻峡のように静かで穏やかな流れをもつダム湖はほかにもあるが、川霧は発生しても短時間で消える。霧幻峡の川霧は、自然（只見川）と人間活動（ダム）が織りなす奇跡の産物なのだ。

▼只見線を300日撮る男

霧幻峡の類まれな絶景は、奥会津に生まれ育ち、奥会津と只見線の美しい風景を写真に撮り、30年以上日本全国に、世界に発信し続けてきた、ある男の生き様を抜きには語れない。その男とは、只見線を300日撮る男で知られる、地元金山町生まれの奥会津郷土写真家の星賢孝さん（76歳）だ。いまもほぼ毎日写真を撮り、撮った写真はすぐにSNS（会員制交流サイト）で発信する活動を続けている。奥会津に観光で来る人、只見線に乗る人で星さんの写真を見たことがない、という人はおそらくいないだろう。一般的には、奥会津郷土写真家で通る星さんだが、実は霧幻峡という名前の発案者でもある。霧幻峡とは言い得て妙で、写真を撮るだけでなく奥会津の自然、歴史、文化、風俗などにも造詣が深い星さんならではの巧みな表現というべきか。

夢幻峡と只見線(撮影：星賢孝)

星さんは、ＪＲ只見線・早戸駅近くの「早戸温泉つるの湯」の対岸にあった金山町三更(みふけ)で生まれ育った。10戸からなる三更は３００年以上の歴史を持つ集落だが、１９６４(昭和39)年に発生した土砂崩れで、５００m下流の雨沼に集団移転を余儀なくされた。星さんが中学３年生の時だった。三更では全戸が渡し舟を持ち、誰もが舟を漕ぎ対岸の早戸との間を行き来していた。集団移転で渡し舟はなくなった。２０２４年は奇しくも渡し舟がなくなってから60年になる。

星さんはこの渡し舟に着目、観光用に復活させて地域の活性化(地域おこし)の起爆剤にしたいと考えた。２００８(平成20)年から準備を始め、渡し舟を復活させる「霧幻峡プロジェクト」を立ち上げ、霧幻峡での渡し舟の運行を始めたのは２０１１年のゴールデンウイークからだ。舟の制作費や桟橋の建設費など運行に必要な経費は、８割を県の補助金で賄ったが、残り２割は自腹を切った。舟の運行は、景色の良いところを回るだけでなく、廃村になった三更に上陸し、土砂崩れにより集団移転を余儀なくされた三更の苦難の歴史を語り継ぐプログラムも含まれていた。インスタグラムやSNSなどで運行のPRに努めた。

そんな中、運行開始から3カ月も経たない7月、新潟・福島豪雨で舟と桟橋が流される大打撃を受けたが、星さんはくじけなかった。「只見線は奥会津の生命線だ。必ず復旧して全線再開通する日が来る。その時は渡し舟にも光が当たる」と星さんは考えた。そして桟橋を直すなど3年かけて２０１７（平成29）年、運行再開に漕ぎ着けた。渡しの名称も正式に「霧幻峡の渡し」とした。

この年の乗船者数は１０００人程度だったが、２０１８年には３５００人を超えた。これ以上の観光客を呼び寄せるには、桟橋、トイレ、駐車場の整備が欠かせない。費用を試算すると個人で賄える金額ではなかった。渡し舟の運行は黒字だったが、２０１９年、霧幻峡の商標と渡し舟の運行に必要な和舟と一切の資材を付けて、無償で金山町に譲渡した。星さんは「高校を卒業して地元の建設会社に就職した時から地域の役に立つことをしたいと思っていたので、無償譲渡はあたりまえのこと」とさばさばしている。

▼発電所建設阻止運動

霧幻峡というたぐいまれな絶景は、実は星賢孝という男が近くに住んでいたこと、親子2人による発電所建設阻止運動によって守られてきたのだ。

40数年前に霧幻峡を含む一帯に発電所建設計画が持ち上がった。住民は星親子を除いて賛成に回った。「豊かな自然と美しい景観は雨沼の宝だ。発電所が建設されたら自然が破壊され景観が失われる」と、2人だけの建設反対運動が始まった。2人は札束攻勢にも屈せず反対を貫き通した。東北電力はあきらめて霧幻峡から約１㎞下流の現在地に第二沼沢発電所を建設した。発電所建屋は岩盤を刳り抜いて地下に建設され、霧幻峡の自然と景観は守られた。このことが現在の「霧幻峡の渡し」に繋がっている。
霧幻峡の渡しは、２０１９年から金山町観光物産協会が運行している。
２０２４年の運行期間は4月19日～11月24日、日の出～日没まで。
周遊プラン：基本料金６０００円（２人まで）、１人追加ごとに３０００円ずつ加算
散策プラン：基本料金８０００円（２人まで）、１人追加ごとに４０００円ずつ加算
早朝料金：（午前7時前の出航）＋２０００円
舟の上での朝食サービス：２０２３年からスタート。１人６０００円（２人以上から最大４人まで）。
三更集落への上陸は散策プランのみ可能、撮影希望者は個別に渡っている。

▼温泉と珍しい「虫供養」

霧幻峡での渡し舟を楽しんだ後は、早戸駅から徒歩15分ほどにある「早戸温泉つるの湯」で汗を洗い流してはどうだろうか。千年も前から傷を治す薬湯として親しまれてきた名湯だ。山小屋風の建物の内部は、天井が高く開放感がある。日帰り温泉施設で、湯治棟と宿泊棟を併設していて飲泉療養もできる。泉質はナトリウム－塩化物泉で湯の色は黄金色。慢性消化器病や慢性便秘に効くと効能書きにある。温度53・5℃の源泉は掛け流しだ。露天風呂からはいま遊んできたばかりの霧幻峡を見下ろせる。「お食事処つるや」で食事もできる。

駅のある早戸地区では毎年11月11日、伝統行事の「虫供養」が行なわれる。作物につく害虫を追い払う行事・虫送りはまだ広く行なわれているが、虫供養は珍しい。田畑を耕作する際に殺生した多くの虫の霊を慰め、供養する行事とされ、福島県の重要無形民俗文化財に指定されている。江戸時代、会津では広く

行なわれていた行事だが、いまでも受け継がれているのはここだけかもしれない。

地区の代表者が鐘を鳴らし虫供養が始まったことを集落に知らせ、村はずれにある石碑に詣でる。代表者の後ろを地区の子どもたちがついて行くのが恒例だ。石碑の周りでは地区の住民が花や団子などのお供え物を用意して待っている。参加者はお供え物を捧げ、線香をあげて手を合わせ行事は終わる。早戸地区の人たちの生き物に対する優しさが感じられる、ほのぼのとした行事だ。

19

会津水沼（あいづみずぬま）

霧幻峡の渡しに新しい魅力「カヤックツアー」

会津若松から55・1㎞　所在地：大沼郡金山町水沼
開業：1956（昭和31）年9月20日　開業時から無人

霧幻峡の渡しに新しい魅力が加わった。2003年7月から新たな体験型アクティビティ、カヤックツアーが始まったからだ。始めたのは、他のエリアでカヤックツアーリーダーとして、カヤックツアーに携わってきた金澤次郎さん（52歳）。金澤さんは福島県中通り南部、茨城県や栃木県に隣接する東白川郡塙町の出身で、高校を卒業するまで自然豊かな地域で育ち、社会人になってからはカヤックやスキー、レクリエーション活動などでインストラクターの仕事やボランティア活動をしてきた経歴の持ち主だ。

これらの中には障害者とともに行なっている活動もあり、金山町のフェアリーランドかねやまスキー場には、福島県障害者スキー協会の活動で、金山町に通っていたこともある。「このことが金山町に移住するきっかけの一つになった」と金澤さんは話す。

▼只見川の自然を体で感じるカヤックツアー

金澤さんは金山町に通っていた時に只見川（霧幻峡）に魅了され、「ここなら自分の理想とするカヤックツアーが提供できるのでは」と直感したという。霧幻峡の最大の特徴である流れが緩やかな水面はカヤックの揺れは少なく、スタート地点から川下に漕ぎ進んでも簡単に戻ることができる。子どもから高齢者、障害の有無にかかわらず、誰でも安全で快適な環境下でカヤックツアーを楽しんでもらえると確信した。そして、移住2年目にアクティビティ奥会津・J. Kayak（ジェイカヤック）を立ち上げた。

最近はカヤックツアーの評判を聞きつけ、福島県内外からやってくる人も増えた。なかには、霧幻峡の渡し舟に乗った人から「今度は自分で漕いで只見川の自然を体で感じてみたい」という人も出てきているそうだ。

三島町での金澤さんの最初の移住地は、旧三更（みふけ）集落からの集団移転先である雨沼地区だった。隣はなんと前駅で紹介した郷土写真家の星賢孝さんの家だった。現在は水沼地区を流れる只見川のほとりにある古民家を買って住んでいる。

金澤さんは移住してきて結婚をした。「星さんには奥会津で暮らしていく上でのいろいろなアドバイスをしていただきました。村の人は誰でも会えばあいさつをしてくれますし、よそ者なのに自分の家で採れた野菜などを持ってきてくれます。カヤックツアーも地区のみなさんの応援で始めることができました。本当にやさしい人たちに囲まれて、移住してきてよかったと思います」と、妻のさつきさんとともに地域の人たちに対する感謝の気持ちを語ってくれた。

金澤さんのカヤックツアーは4月下旬から11月下旬まで。

会社名：アクティビティ奥会津・J. Kayak（ジェイカヤック）

時間や料金は、以下の通り（料金は2024年度価格）。

「霧幻峡カヤックツアー」

午前の部：9：30（12：00解散予定）　午後の部：13：00（15：30解散予定）

料金：大人7000円（中学生以上）小人6000円（4歳から小学6年生）

「朝涼み霧幻峡カヤックツアー」
6：00（8：00解散予定）
料金：大人6000円（中学生以上）小人（4歳から小学6年生）5000円
「夕涼み霧幻峡カヤックツアー」
16：00（18：00解散予定）
料金：大人6000円（中学生以上）小人（4歳から小学6年生）5000円
予約は公式サイトから　https://activityokuaizu.jp　info@activityokuaizu.jp
※催行日は予約サイトで確認してほしい、催行日以外のツアーを希望する場合はメールか電話で問い合わせを
電話090-3363-2230

▼神秘的な二重カルデラの湖・沼沢湖

水沼集落の背後に、福島県で5番目に大きい沼沢湖がある。20年以上前になるが、ここで作家の椎名誠さんが、映画『かえるのうたがきこえてくるよ』を監督として撮影した。当時は湖周辺には何もなく、自然豊かなロケ地を探していた椎名さんが金山町と沼沢湖を気に入り、沼沢湖に2カ月ほど滞在して映画を撮った。映画では主人公がカヌーに乗るシーンが重要で、星賢孝さんがカヌーを操るなどして撮影に協力した。椎名さんが考案した、三角ベースの野球「浮き球三角野球」の第一回全国大会も、沼沢湖近くの高原で開かれている。この時に使われた浮き球は、沼沢湖特産のヒメマスを捕る漁網用のものだった。椎名さんはこの後も年に何回かは金山町と沼沢湖に足を運ぶようになった。

こうしたことが縁で、写真家でもある椎名さんが世界中で撮影した写真を展示する「椎名誠写真館」が

2005年に湖畔にオープンしたが、残念ながらその後閉館した。椎名さんの写真は星さんが「いずれ活用する日が来る」と大切に保管している。星さんには椎名さんに何気なく言われた一言が、今でも脳裏に焼き付いている。

「何も変えないほうがいい」。

「奥会津の魅力をこれだけ簡潔に言い表せる作家の感性はすごい」と星さんは語る。

沼沢湖はかつて「沼沢沼」と呼ばれていた。いまでも沼沢沼という人は多い。筆者もその一人だ。いつから沼沢湖に名称が変わったのかを調べてみた。名称変更は意外と古く、1968（昭和43）年8月からだった。沼沢沼をリゾート地に開発したかった金山町が変えたのだった。沼では小さくて泥臭い、湖ならきれいで大きなイメージになるというのが理由だった。地図を作成する国土地理院に確認したら、地図上の名称変更は所在地の自治体が決めれば問題ない、ということだった。

筆者は高校2年生の夏休み、友達4人と泳ぎに来た。舟を借りて湖の真ん中で泳いでみた。岸までは1㎞もある。水は澄んでいるが底が見えない。あまりの深さに、何か化け物みたいなものが足を引っ張って底に引きずり込むのではないかという恐怖感が募り、泳ぎはすぐにやめて岸に戻った。

日帰りの予定が夢中で遊んでいて帰れなくなった。仕方なく神社の縁の下か軒下で寝ようとしていたら、沼沢の人たちが公民館に泊まれるようにしてくれた。それどころか、夕食まで作って持ってきてくれたのには驚いた。沼沢の人たちのやさしさと親切さはいまも忘れない。

沼沢湖は、湖水面の標高約475m、周囲7㎞、直径2㎞、面積約3・1㎢、水深約96mである。約4万5000年前と約5400年前の大規模な噴火によって誕生した、比較的新しいカルデラ湖である。沼沢湖は二重カルデラのなかにある。福島県には磐梯山や安達太良山など5つの活火山があるが、沼沢湖を含む二重カルデラはそのひとつで、火山名は山の付かない「沼沢」という珍しい活火山だ。奥会津ではただ一つの湖でもある。沼沢湖は只見川に近いため、湖面の高さとの落差を利用した揚水発電所もある。

ブナやミズナラの森に囲まれた湖は、水深と透明度は県内一で、神秘的なブルーの水面が広がっている。湖を一周する遊歩道もあり、深い森にはツツドリやコガラ、サンショウクイ、オオルリ、キビタキなど多くの野鳥が棲息し、湖を巡りながらバードウォッチングが楽しめる。透明度が高いので、棲息するヒメマスが回遊する様子も見られる。

ヒメマス釣りの漁期は、2023年までは4月1日から9月30日までだったが、全国的なヒメマスの不漁により、ここ数年稚魚の放流ができなかったため、2024年から2年間は禁漁となっている。その後のヒメマス釣りの解禁や日釣り券などの詳しい情報は、沼沢漁業協同組合　電話0241-55-3218（ファクス番号は同じ）に問い合わせるのがいい。

湖の東側には、一般キャンプ場（約50張り）とオートキャンプ場（全28区画）があり、バンガロー（2棟）も利用できる。夏には県内はもちろん、全国からキャンプを楽しむ人たちのテントで埋め尽くされる。

▼日本でただ一つの「妖精美術館」

キャンプ場の隣には、妖精をテーマにした日本でただ一つの「妖精美術館」がある。英文学者で妖精学の第一人者・井村君江氏のコレクションを中心に、妖精の絵画や絵本、人形、妖精をとり入れた小道具、四季をあしらったブロンズ像、文学資料などが展示されている。館内にある高さ6mのステンドグラスは、キャラクターデザインやイラストなどで世界的に有名な天野喜孝氏が手掛けたもので、訪れた人は目を見張る。

20

会津中川（あいづなかがわ）

只見線沿線でいちばん駅に近い中川温泉

会津中川駅：会津若松から58・3㎞　所在地：大沼郡金山町中川
開業：1956（昭和31）年9月20日　開業時から無人

只見線沿線の温泉施設でいちばん駅に近く、駅前温泉の表現にぴったりの中川温泉は、駅から歩いて5分とかからないところにある。金山町の福祉センターゆうゆう館内にある日帰り温泉施設で、源泉の温度は49・5℃と少し熱めだが、源泉かけ流しで湧出量も多く毎分41・8ℓを誇る。泉質はナトリウム―硫酸塩・炭酸水素塩温泉で、高血圧、動脈硬化に効くと人気がある。これで入浴料金が300円とくれば、温泉好きの筆者などは毎日でも入りに来たくなる。

駅前にありながら、只見線に乗って入りに来ようと思うと不便極まりない。営業時間は月曜日から土曜日までは午前11時から午後8時まで、日曜日は正午から午後8時までなのだが、この時間帯に入ろうとすると、上り方面（会津若松）から来る列車は会津中川駅着が14：53と18：46の2本しかない。仮に18：46着の列車で来て温泉に入り帰ろうとすると、上りの最終列車は19：12発なので、カラスの行水になってしまう。この1本前は15：39発なので、14：53着で来れば1時間は入浴できる。

反対に下り方面（小出・只見）から来る場合は、12：34着と15：39着を利用できるが、帰りは18：46発の列車を逃すと、下り最終列車の21：28発まで待たなければならない。施設は午後8時閉館、周りには喫茶店もないので駅の待合室で1時間以上待たなければならない。午後の時間帯に上下とも、もう1、2本列車があれば、利用客は大幅に増えると思うのだが。

▼アザキ大根のおろしで食べる蕎麦は最高

駅の背後の高原には、ここにしか自生しない野生の大根・アザキ大根がある。長さ20㎝ほどの根は普通の大根に比べて硬く、辛味が強いうえ水気が少ないため料理に使われることはない。「アザキ」は、見た目は大根なのに硬くて食べられないので「人を欺く」が語源とされる。

会津では蕎麦のつゆに大根のしぼり汁を混ぜて食べる高遠蕎麦がある。徳川家3代将軍家光の弟・保科正之が信濃・高遠、出羽・山形を経て会津に封じられた際に持ち込まれた蕎麦の食べ方から、出身地の高遠にちなみ高遠蕎麦と言われるようになった。この蕎麦をアザキ大根のしぼり汁を蕎麦のつゆに混ぜて食べる。筆者は高遠蕎麦の食べ方としてはこれが最高だと思っている。駅近くの「道の駅 奥会津かねやま」のレストランの人気メニューだ。

アザキ大根には、ジアスターゼをはじめとする消化酵素やビタミンC、食物繊維など内臓を整える成分が含まれている。特にビタミンCは普通の大根の10倍もある。こうした成分が蕎麦の味を一層引き立てるとされる。最近はアザキ大根の評判が広がり、道の駅のレストラン以外でも食べられる店が増えており、ラーメンの薬味としても使われ始めている。

天然物に比べ栽培物は辛みが少し弱いとされる。収穫は栽培物と同じく11月から始まる。根菜の部分からひげ根が長く伸びるので引き抜くのに力がいるが、不思議なことに雪が降ると簡単に抜けるという。花は淡い紫色で5月下旬から6月上旬にかけて広い自生地と栽培地で咲き誇り、写真撮影に訪れる人が絶えない。

道の駅に隣接する「東北電力奥会津水力館 みお里MIORI」にも立ち寄ってみたい。只見川水系の電源開発の歴史や水力発電の仕組みを紹介するコーナー、俳優・お笑いタレント・画家などとして知られる片岡鶴太郎氏が描いた奥会津7町村の絵画を展示するギャラリーもある。只見川と只見線が望める「MINAMOラウンジ」は、テーブルや椅子だけでなく天井や壁に木材がふんだんに使われていて、利用者から癒しの空間として評価が高い。

▼カーシェアリング導入の実証事業がスタート

この建物の中には、奥会津の7町村で構成する広域振興協議会「只見川電源流域振興協議会」がある。同協議会は、只見線の再開通により増加した観光客の移動手段の確保と奥会津観光の利便性の向上を目的に、奥会津カーシェアリング導入の実証事業（2024年6月8日～12月8日）を実施している。

カーシェアリング車両の台数は、コンパクトカー5台、ミニバンタイプ1台の計6台で、車の受け渡し場所となるステーションを会津柳津（柳津町）、会津宮下（三島町）、早戸（同）、会津川口（金山町）、只見（只見町）の計5駅周辺に設けた。利用者がカーステーションで車を借りたら、同じステーションに返却する「ラウンドトリップ方式」を採用している。カーシェアリング車両はアプリから予約できるので、事前に予約することで只見線を降りた後、すぐに車に乗っての移動が可能になる。同協議会は、稼働データやアンケート調査などを通じて、二次交通として有効活用されるかについて確認し、二次交通体系の拡充につながるかを検証していく、としている。

▼色鉛筆画家が描くほのぼの只見線

駅のある中川地区の隣の大志地区に、色鉛筆作家の大竹惠子さん（55）が住んでいる。大竹さんは高校卒業後、20歳で上京し東京都や神奈川県でOL生活を送っていたが、「小さい頃から好きだった絵を仕事にしたい」と31歳の時にイラストスクールに通い、色鉛筆画家になった。２０２３（令和５）年6月から地域おこし協力隊として金山町にUターンして来た。

Uターンしたのは、24年間色鉛筆画家として、主に奥会津の故郷・金山町の風景と只見線の絵を描き続けてきた経験を活かし、金山町の役に立ちたいと思ったからだ。大竹さんはいま、ＳＮＳや自分の描いた絵を活用して金山町の魅力を発信している。

大竹さんの描く風景や只見線の絵には、必ず人が描き込まれている。その理由について、大竹さんは

大竹さんの作品（下も）　本名駅

雪降る会津中川駅

「人が入ることで絵に温かさと物語が生まれてくる」という。筆者の好きな大竹さんの絵の中に、本名駅を描いたものがある。駅舎の裏に只見線の列車が止まり、列車から降りてきた人たちと駅舎前で遊ぶ子どもたちの様子を描いた図柄だ。この絵は、色鉛筆の優しい色合いで見る人にほのぼのとした温かさや、幼かったころの懐かしさを感じさせる。じっと見ていると、絵の世界に誘い込まれるような感じさえする。

大竹さんは絵の他に、自分の作品を使った絵ハガキ、カレンダーなども制作・販売する。会津若松市や金山町で個展を開いたこともある。筆者は金山町にUターンしたのを機に、大竹さんが只見線や金山町に関する新しい絵をたくさん描いて近い将来、個展を開いてくれるのを願う。

大竹さんはいま、町の広報紙やパンフレットに使うイラストや作品の制作に忙しい毎日を送っている。そんな中でも色鉛筆教室やアートワークショップなどを開いて、絵を描く楽しさを町の人たちの中に拡げている。町で開かれるさまざまなイベントの際にも、町外からやって来る人たちのために絵を描く楽しさを伝える場を設け、また金山町を訪れるきっかけや思い出づくりに役立てたいと考えている。

「情報発信や作品制作の取材のため町内を歩いています。見かけたらぜひ声をかけてください。町で出会った人たちと話し、写真を撮らせてもらい、こうした触れ合いを大切にして記事に書き、作品を作っていきたい」。大竹さんの活躍に期待したい。

木造駅舎の待合室の片隅に「会津中川駅　駅ノート」が置かれている。誰がどういう目的で置いたかは不明だが、良いアイデアだと思う。誰が何を書いてもいいことになっている。「只見川の景色に癒されました」「何十年ぶりかで中川駅から乗ります。中学の時はよく通いました」「只見線目的でここへ来ました。紅葉にはまだ早かったのですが、景色に癒されて3時間を過ごしています。温泉を利用させてもらおうか。

只見線を応援しています」（兵庫県加古川市から来た夫婦）など、ノートには只見線に乗ったさまざまな人たちの思いが記されている。こうしたノートを只見線の各駅に置き、書かれた内容を分析すれば只見線の利活用、沿線の観光振興などに役立つのではないか。

▼只見線の列車に手を振る元駅長夫婦

前述の大竹さんと同じ大志地区には、只見線の臨時列車が通るたびに家の外に出て、手を振ることで知られる中丸吉之助（89歳）・昌子（84歳）さん夫婦がいる。夫の中丸さんは、元国鉄・ＪＲ職員で、会津川口駅の国鉄では最後、ＪＲになってからは最初の駅長という珍しい経歴を持つ。家のすぐ後ろを只見線が走っていて、臨時列車が来る前に「只見線に手を振ろう」と書かれた旗を立てて、夫婦仲よく並んで待ち構える。

「長い間鉄道でまんまを食わしてもらったから、手ぐらいは振んねどなあ」と中丸さんは手を振る動機を話す。中丸さん夫婦は手を振るだけでなく、駅舎の掃除や草刈りなどもしている。中丸さんは元駅長の経歴を生かし、今でもボランティアとして臨時列車を仕立てる営業活動もする。ＪＲにとっては頼もしい応援団だ。

21

会津川口（あいづかわぐち）

特産の赤カボチャが農林水産大臣賞を受賞

会津川口駅：会津若松から60・8㎞　所在地：大沼郡金山町川口
開業：1956（昭和31）年9月20日　無人駅化：2023（令和5）年12月1日

駅は只見川と支流の野尻川の合流点の狭い平地にある。ホームに只見川がすぐ近くまで迫っている。ホームと只見川の距離は、只見線では川口駅がいちばん近い。上りホームから只見川を覗くと、川に転落するのではないかと恐くなるくらいだ。下り只見方面に向かう列車はホームを出るとすぐに野尻川の鉄橋を渡る。

▼特産の赤カボチャはブランド品

駅のすぐ近くに金山町役場がある。金山町はいま2つのことで注目を集めている。ひとつは町の特産赤カボチャだ。見た目は、全体が濃いオレンジ色の扁平型で、茎が太くお尻の部分にある「へそ」が出張っているのが特徴だ。皮が薄いわりに肉厚で、普通のカボチャより甘みが強くコクがあり、全体がほくほくした食感がある。見た目と味の良さに、健康増進に効果があるとされるグルタミン酸、ギャバやアルギニンなどのアミノ酸が多く含まれていることから人気上昇中で、町と観光物産協会、町民が一丸となってPRに力を入れている。町のゆるキャラは赤カボチャにちなんだ「かぼまる」だ。

農林水産省が行なっている「豊かなむらづくり全国表彰事業」で、赤カボチャは2022（令和4）年

会津川口駅

度に農林水産大臣賞を受賞した。町の「奥会津金山赤カボチャ生産者協議会」が取り組んできた、外観や品質だけでなく食味についても厳しい検査体制、ブランド力向上への努力などが地域振興につながっていると評価されたのだ。

赤カボチャはブランド名「奥会津金山赤カボチャ」として2009（平成21）年に商標登録、2018（平成30）年に地域団体商標登録した。シールを貼られている赤カボチャが、検査に合格した正規品で「奥会津金山赤カボチャ」として市場に出る。苗や種の販売は一切しておらず、直売所やネットなどで販売されている苗や種は非正規品なので買うときは注意が必要だ。

▼移住やUターンを考えている人に最適の制度

金山町のことでもうひとつ注目されているのが、地域事業者の担い手不足の解消と移住促進を目的に発足した地域づくりの事業協同組合だ。「奥会津かねやま福業協同組合」といい、金福（かねふく）と呼ばれている。福島県内では最初、全国でも13番目の設立だ。急激な人口減少に直面する地域で、地域事業者の担い手不足を解消する目的で、2020（令和2）年に施行された制度（総務省管轄）を活用し、21年5月に認定を受け、同年7月から派遣事業を開始した。

地方に移住やUターンすることを考えている人には参考になる事例だ。

この制度の成功例に出合った。駅改札口を出ようとして、見覚えのある顔が出札窓口で切符を売っていた。只見線に世界でいちばん多く乗る男として知られる大越智貴さん（31歳）だ。大越さんは福島県郡山市の出身で、只見線と奥会津の魅力に惹かれ2年前に金山町に移住してきた。金福で霧幻峡の渡し舟の船頭やガソリンスタンドの店員などさまざまな職種を経験し、24年4月から町の観光物産協会の正規職員として働き始めた。同協会が会津川口駅の乗車券などの簡易販売業務をJR東日本から受託し、切符販売窓口を設置したからだ。

「金福のおかげでいろいろな仕事を経験し、大好きな只見線と関わる職場に就職できました。駅員や臨時列車のガイドもするし、売店にも立ちます。自分の好きな仕事をして生活もできる」と水を得た魚のように明るく話してくれた。大越さんは金福について「この制度を利用すれば、自分に合った仕事が見つかるまで生活ができます。金山町に移住やUターンを考えている人はぜひ利用してほしい」と話す。

金福は季節や時期によって職場を替え、さまざまな仕事ができるマルチワーカーの派遣事業をしている。設立準備段階から携わっていた奥会津郷土写真家の星賢孝さんも非正規職員として事務局長を務めている。現在の派遣スタッフは8人で、組合に加入している20の事業所で働いている。スタッフに定年はない。地元住民、移住者に関係なく誰でもなれる。

勤務日数は1カ月20日と10日（11日になる場合もある）の2種類あり、どちらも正社員で賃金は20日働く人が月額18万円（9千円×20日）、10日の人は週労働時間20時間で9万円。賞与、退職金、通勤交通費、住宅手当、資格取得手当が支給されるほか、職務によっては勤務手当（1日３００円～３０００円）ももらえる。有給休暇は法定休日数、社会保険（健康保険、雇用保険、労働災害保険）に加入できるなどの福利厚生も備えている。スタッフが勤務日以外の日に副業をすることも認めている。土日祝日は原則休日だ。

金山町の事業者はもともと小規模零細、家族経営が多く、雇用吸収力は小さい。人手不足ではあるが、通年雇用、正規社員はもちろん長い時間を働きたい人の要望に応えるのも難しい。繁忙期の一時雇用や来てほしいときに必要な時間だけ働いてもらう、というのが本音だろう。実際、1週間の数日、あるいは1日の中の数時間ずつ複数の派遣先で仕事をすることもある。

▼派遣先で正社員に採用された例も

マルチワーカー派遣事業は、事業者の要望を満たす一方、働く人にとってもメリットがある。マルチワーカーは複数の職場を掛け持ちで働く。1カ所で働くより複数の職場でさまざまな仕事を経験することで、多くの人とかかわることになり、地域に早く溶け込める。多様な職種を経験することで自分の適性がわかることもある。その結果、派遣先で正規社員として採用された例、副業が軌道に乗って起業につながった例も出て来た。農業をする目的で移住してきた人が、農業で生活できるまでにマルチワーカーとして働き、現金収入を得ているケースもある。

事業者は当初、組合費を負担しながら派遣料金を支払うことに「普通に人を雇うよりコスト高になるのではないか」と思っていたようだが、「必要な時にだけ人を派遣してもらえる。人探しの手間も省ける」と不満の声は聞こえてこない。

スタッフの賃金は地域の平均賃金より高く設定してある。事業者はスタッフを雇うと今いる労働者の賃金も上げなければならなくなり、経営が苦しくなるのではないかと懸念した。地域労働者の賃金水準が改善され、可処分所得が増えると地域の消費拡大につながり地域経済に好循環をもたらすと説得、納得してもらった。

兼業や副業に熱心のあまり派遣先に迷惑をかけてしまうなどの事例もあるが、組合では事業者と話し合いながら労働者の働きやすい環境を整え、持続可能な派遣事業にしたい、としている。
組合が発足して3年、まだ試行錯誤の段階だが、金福のマルチワーカー派遣事業は金山町の産業や住民の暮らしを支える地域振興に不可欠の事業になりつつある。

▼日帰り温泉施設「せせらぎ荘」は「天然サイダー温泉」

町の90％が森林におおわれ、緑と水の豊かな金山町は温泉の町でもある。金山町にある只見線の駅は、会津水沼から会津大塩まで7駅あるが、駅近くには日帰り温泉施設か地域で管理している共同浴場がある。会津川口駅からは野尻川の上流に玉梨温泉があり、町の日帰り温泉施設「せせらぎ荘」は、日本に数カ所しかない天然炭酸温泉の一つで「天然サイダー温泉」の名前で人気がある。入浴していると皮膚に細かい炭酸の泡が付く。

せせらぎ荘の近くには混浴の八町温泉と共同浴場の玉梨温泉がある。どちらも野尻川の川べりにあり、平日なら来る人も少ないので1人でゆっくり入れる。八町温泉の入口は1つで、男女別の脱衣室が左右にある。右が女性用で、女性の水着着用は禁止になっている。

奥会津かねやま福業協同組合
〒968－0014　大沼郡金山町大字玉梨字上中井1384番地
電話0241－42－7888

22

本名（ほんな）

最上部が道路になっている全国でも珍しい天端（てんぱ）ダム

会津若松から63・6㎞　所在地：大沼郡金山町本名
開業：1965（昭和40）年2月1日　開業時から無人

▼本名小学校跡と本名ダム

1995（平成7）年10月から12月にかけて放映されたTBS系列の金曜ドラマ『未成年』のラストシーンは、本名小学校で撮られた。歌手の浜崎あゆみが女優として出演した数少ない作品として知られている。同校は94年に閉校になっていたが、多くの村人がエキストラとして出演したのが、今も語り草になっている。校舎はまだ残っていて、只見川の支流の夏井川に架かる夏井川橋梁を撮影するポイントとして人気がある。

駅から上流に歩いて10分もかからないところに、東北電力本名ダムがある。両側に山が迫って狭い谷間にダムがある。ダムの周囲に民家はない。ダムのすぐ下流に第六只見川橋梁があり、そこを只見線の列車が渡って行く。橋梁の下流からその瞬間を狙う撮

本名眼鏡橋（撮影：星賢孝）

本名ダムから見た第六只見川橋梁

り鉄たちが多く集まる。只見線の列車がなくても、橋梁とその背後のダムの組み合わせは絵になる。現在の橋梁は2011（平成23）年7月の新潟福島豪雨で流され、その後新しく造られたものだ。

本名ダムでは、ダムのゲート巻上機建屋から見下ろすと、第六橋梁の全体像が見られる。撮り鉄たちにとっては絶好の撮影ポイントだが、残念ながらこの建屋は個人には開放されていない。月2回を限度に団体だけが建屋に入ることが許されている。

このダムは、堤体最上部が道路になっている全国でも珍しい天端（てんば）ダムだ。上から見ると、只見川右岸から天端を通って左岸に渡る国道252号がクランク状になっているのがわかる。

天端の部分はダムと同時期に完成した本名橋で、全長161m、幅員は6mある。ダム上流の湯倉橋から本名発電所間近の地点まで国道252号の本名バイパスが開通したのに伴い、天端を通る道路は県道になった。バイパス開通で天端を通る車の数は大幅に減った。その分、天端から真下にあるダムの洪水吐や第六橋梁がゆっくり観察できると思っていたら、天端は通行止めになっていた。人は誰もいない。天端への人の立ち入り禁止の表示はなかったので、天端を左岸から右岸へと往復し、ダム下流の景色を堪能した。

▼温泉と食、只見線の眺望が楽しめる究極の贅沢

只見線の旅で、筆者が最高の贅沢ができると思っている場所に向かう。ダムの上流、只見川左岸にある

湯倉温泉「鶴亀荘」だ。周りには本名地区が管理する共同浴場があるだけの一軒宿。本当に物音ひとつしない静寂が支配し、聞こえるのは小鳥のさえずり、カエルの鳴き声、木々を揺らす風の音、雨音など自然の音だけだ。

旅館の前をゆったりと流れる只見川の川幅は約100m。湖のような穏やかな水面は、只見川グリーンと呼ばれる深い緑色をしている。川の対岸は細長い只見川の河岸段丘で、国道252号と只見線が並行して走っている。只見線の際から深いブナ林に覆われた急斜面の山がそそり立つ。高さ450mほどの台形状の山が視界いっぱいに広がり、只見川越しの借景になっている。風のない日は水面が水鏡になり、深い緑色の水面に向かい側の山が逆さに映る様は、緑のグラデーションが素晴らしい。絵に譬えればピカソの「青の世界」ならぬ「緑の世界」とでも言うしかない。

鶴亀荘の創業は1958(昭和33)年で、先代がこの地の景色と温泉に惚れ込み、終の棲家として生業のための旅館を開いたという。建物内は高級建材のケヤキが柱や梁、階段など至る所でふんだんに使われていて圧倒される。筆者が泊まった部屋は先代が使っていたそうで、ほぼ100%のケヤキ造りの豪華さに圧倒された。

▼地元の旬の食材から繰り出される和食の創作料理

鶴亀荘は温泉通・食通の間では有名な旅館だ。2代目主人の吉野泰鎮さんと美喜子さん(女将)夫婦、3代目を継ぐ息子さん夫婦による家族経営だ。泰鎮さんは和食の専門調理師の資格(国家資格)を持つ。この資格は、高い専門技術・実務経験年数と和食に対する豊富な知識などが求められ、取得は容易でないことで知られる。美喜子さんも唎酒師の資格を持つ。

料理は、泰鎮さんの板前歴50年の技から繰り出される和食の創作料理。厳選した地元の旬の食材を中心に「お客さんに食べて感動してもらえる」（泰鎮さん）献立にこだわる。山菜などはそのまま出すこともあるが、それは例外で泰鎮さんは「手間をかけるのを厭わず、一つの食材を3、4通り創作してお出しする」ことに心がけているという。客には静かな環境で日常を忘れて自分の時間をたっぷり楽しんでもらうため、食事をする場と客室は分けている。

鶴亀荘の客は北海道から沖縄まで全国にわたり、8割がリピーターだという。30年や40年通い詰めの人も珍しくなく、中には20代から50年も通い続けている人もいるそうだ。

ちなみに筆者が泊まった5月27日の献立は20品。食前酒・梅酒、先付・ワラビ豆腐、前菜・ミョウガ寿司、ニシンの山椒漬け、キャラブキ、稚鮎のしぐれ煮、ノビルの玉みそ、縮緬山椒、花ワサビ、ワラビのみそ漬け、ミツバ入り卵焼き、ヒロゴ（ノビル）、小鉢・ミズナの煮びたし、焼き物・若鮎の塩焼き、蒸し物・ヨモギまんじゅう、洋皿・福島牛とアスパラガスに八丁みそ、食事・アンニンゴのご飯、吸物・金山町どんこシイタケ、香の物・キュウリ、カブ、水菓子・トマト入りチーズケーキ、なつみ（カラマンダリンオレンジとポンカンの掛け合わせた品種）、イチゴ。

若鮎の塩焼きの鮎は、和歌山県紀の川産の天然ものを特別に取り寄せたものだ。身が締まっていて味が濃い。これ以外は、地元の食材を中心に一品一品心を込めて作られている。アンニンゴのご飯は、塩漬けにしたウワミズザクラの花が入っている。アンニンゴは杏仁子と書き、ウワミズザクラのつぼみや未成熟果を塩漬けにしたものだ。実を焼酎漬けにしたアンニンゴ酒は薬酒として知られる。

出された料理を献立順に、友人とただひたすら黙々と食べた。味は言わずもがな。品数が多いので、アンニンゴご飯が1杯しか食べられなかったのが心残り。これだけの献立を、ほとんど会話もなく食べたのは人生で初めて。食後、友人と期せずして一致した。「ホントにうまいものを食っているときは黙っちまうんだな」。筆者と友人はともに下戸で酒は飲まなかったが、酒好きの人には女将が料理に合う酒を勧めてくれる。

お湯はナトリウム・カルシウム―塩化物・硫酸塩温泉。色は濃い黄土色で温まりやすく冷めにくい。口に含むと少ししょっぱいが、昆布茶の味がする。源泉は本名ダムができる前は只見川の川べりの岩場にあった。旅館の前の只見川の深さは約60m、今でも川底から温泉が湧き出していて水面に温泉に含まれている炭酸が泡となって立ち昇ってくる。

鶴亀荘の前に広がる只見川の風景

▼露天風呂から見える只見線の列車

明るいうちに露天風呂や部屋から外を見ると、只見川の対岸を走って行く只見線の列車が見える。まるで鉄道模型のジオラマを見ているような気分になる。だが、最高のショータイムは暗くなってからだ。本名駅19時7分発の小出行き最終列車が19時14分ごろに左側のトンネルから列車が顔を出し、目の前を通り過ぎて行く。その間所要1分ほど。幸いなことに、このショータイムを見逃す心配は無用だ。列車がトンネルを出る前に前照灯が線路沿いの電柱を照らし、列車の接近を教えてくれるからだ。露天風呂から、あるいは明かりを消した部屋から、暗闇の中を通り過ぎていく只見線の列車を見るのにまさる贅沢があろうか。

鶴亀荘のすぐそばにある湯倉温泉共同浴場は、かつては混浴だったが２０１４（平成26）年にリニューアルしたのを機に浴室は男女別になった。お湯は鶴亀荘と同じナトリウム・カルシウム—塩化物・硫酸塩温泉。本名区が管理していて料金（協力金）は３００円以上。10回の料金で11回入れる回数券もある。回数券は本名区長事務所などで買える。

湯倉温泉「旅館　鶴亀荘」

〒９６８－００１６　福島県大沼郡金山町大字本名字上ノ坪１９４２

電話０２４１－５４－２７２４

23 会津越川（あいづこすがわ）

豪雨災害に打ち克った地域の絆

会津若松から70・0㎞　所在地：大沼郡金山町越川
開業：1965（昭和40）年2月1日　開業時から無人

▼導水管が「く」の字に折れ曲がった珍しい水路式発電所

駅は越川集落の外れにあり、駅の反対側、下り方面の村はずれに珍しい水路式発電所がある。名前は東北電力伊南川発電所。只見線の只見方向、左側の山の中腹にサージタンク（調圧水槽）が見え、3本の鉄の導水管が斜面を下り、只見線のすぐ上で「く」の字に折れ曲がって発電所建屋につながっている。導水管が途中で屈曲している水路式発電所は、筆者の記憶ではここ以外にない。

実は、筆者は小規模発電所、特に水路式発電所オタクなのだ。筆者の父は郡山市生まれで、父の実家の最寄り駅は磐越西線の磐梯熱海駅だった。子どものころは春、夏、冬の休みのたびに父の実家に遊びに行った。会津若松から磐越西線に乗ると、磐梯熱海駅までの間に列車の窓から見える水路式発電所が3つある。磐越西線に乗るたびに水路式発電所を見るので、気がついたらすっかり水路式発電所オタクになっていた。

伊南川発電所の建屋は、かつて現在地より少し80ｍほど下流、国道252号と只見川の間にあった。導水管が屈曲しているのは、下流の本名ダムの建設着工に伴い只見川の水位が上がり、建屋を1954（昭

会津越川駅

和29）年に現在地に移転したためだ。只見線で旅する人の中には、橋梁ほどではないが車窓から見られる発電所を楽しみにしている人もいる。只見線からこの発電所を見られるのは一瞬だが、すぐそばを通るので結構人気がある。只見線は建屋を右に見て導水管の上を鉄橋で跨いで渡る。

筆者は子どものころから発電所の名前の「伊南川」に違和感を持っていた。この辺りの只見川の支流に伊南川という川はない。伊南川は只見川の最大支流で、南会津の山々を源流とし只見町で只見川と合流する。発電所の名前を伊南川にした理由をいろいろ調べたがわからなかった。

この発電所は、新潟電力という会社が1935（昭和10）年に着工し、3年後から発電を開始したことがわかった。戦後、東北電力に移管したため、命名の経緯は東北電力もわからないという。発電所の水は伊南川の上流で取水され、約9・6kmに及ぶ地下の導水管を通って来る。伊南川には発電所がないため、伊南川と只見川の高低差を利用して発電に使おうとしたわけだ。伊南川の取水位の標高は約432m、放水位の標高は約314mで、標高差約120mを利用して発電している。運転開始は1938年で、最大出力は1万9400kW。新潟福島豪雨により1台しかない水車発電機が被害を受け、運転再開まで2年余りかかった。只見川の反対側から建屋の下の放水口を見ると、水が真っ白になって滝のように勢いよく只見川に流れ落ちている。

只見線を撮影するには絶好の撮影ポイントだと思うが、撮り鉄たちはほとんど越川駅周辺を撮影ポイントにしているようだ。

撮り鉄たちの撮影スポットになっている駅は、ホームの長さは車両1両分しかない。2両以上の列車の場合は、進行方向前側のドアから乗り降りする。

開業当時、北海道の根北線に越川（こしかわ）駅が存在したため、駅名に地域名の「会津」を冠している。根北線の越川駅は1970（昭和45）年に廃止になっている。

▼豪雨災害に打ち克った地域の絆

2011年の新潟福島豪雨により営業停止を余儀なくされ、周辺住民は同年8月26日から2022（令和4）年10月1日の只見線全線再開通まで代行バスを利用するしかなかった。

越川駅周辺は豪雨の被害が特にひどかったところだ。当時の状況を越川集落の人に聞こうとしていたら、折よく駅の目の前に住む横田義一（89歳）、ユリ子（90歳）さん夫妻が、畑仕事とゼンマイ干しをしていた。新潟福島豪雨の被害の話を聞きたいと言ったら、自宅に招じ入れてくれた。気さくで愛想の良い夫婦だ。自宅には時々撮り鉄たちがトイレを借りに来るそうだ。

豪雨の当日、越川集落（31戸）は横田さん宅を除いて浸水の被害に遭った。横田さんは当時を振り返る。「水は濁流みでではねぐって、川全体がゆっくりと持づ上がるような感ずだったな。あんな水の出方は見だごどね。水は家の前の国道（252号）の下の田んぼまで来た」。

町役場から避難指示が午後3時か4時ごろに出たので、集落の人たちは着の身着のまま駅裏の高台にある神社に避難した。食べ物や飲み物も十分持たないまま避難して来た人もいたので、みんなで分け合った。みんなで明かりのない板の間に毛布を敷いて横になったが、ほとんど眠れないまま一夜を過ごした。ユリ子さんは「私は只見川の下流にある大志（金山町・最寄り駅は会津中川）がら嫁に来たんだげんじょ、この部落のいいところは、昔からお互いに助け合って来たごどだべなし。私もなんぼが（どれくらい）助らちゃがわがんね。こんな時こそ部落のみんなのために役に立ちでえ」と、夜が明けてすぐ自宅に戻り、ありったけの食材で20人分の炊き出しをしたという。

▼組み立て式の花道が残る農村舞台

住民が避難した二荒神社は江戸時代末期に建てられたものだが、拝殿が農村舞台の兼用になっている。農村舞台は、周辺住民が豊作祈願などで供え物だけでなく歌や踊り、芝居など芸能を奉納する場のほか、集会場、祭りの際の酒盛りの場としても使われてきた。花道まであったそうで、しかも組み立て式という珍しいものだった。花道は興行があるときだけ造られたそうだ。周辺で農村舞台が完全な形で残っているのはこの神社だけだ。

豪雨洪水から住民が避難した二荒神社

住民同士の結束が強い越川集落だが、横田さん夫妻にとって一番の気がかりは、今の集落の戸数を将来も維持していけるかだ。高齢化が進む越川はすでに限界集落だ。横田家は5代続く農家だが、実際はもっと遡るそうだ。13歳の時に家が火事に遭い、先祖を知る手掛かりが失われてしまったという。横田さんは指折り数えながら「被害を受けだ、受げねえに関係ねぐ、人が居なぐなる家は増えんべな」と集落の将来に不安を隠さない。

新潟・福島豪雨の被害の話から、只見川で採れる石の話になった。筆者が高校生の頃、石ブームがあり只見川産の石は人気があった。横田さんが「家に疣（イボ）石がある」と言い出した。横田さんによると、越川集落周辺の２カ所の沢で採取できるという。

イボ石は俗称で、菫青石ホルンフェルスと言い、熱による変成（接触変成作用）によって生じる変成岩の一種だ。イボは菫青石という変成鉱物で、マグネシウムが鉄と接触変成し化学成分が変化すること（交代作用）により増加して形成されたものとされる。色は黒紫や緑黒色で表面にイボ状の凸が無数に見られる。内部が空洞のものもあるが、見た目よりずっと重い。石を撫でるとイボが取れるとの言い伝えが各地に残っている。

横田さんが「好きな石を持って行け」というので、握りこぶしより一回り大きいイボ石をもらった。貴重な石がコレクションに加わって大満足だが、家に帰ると妻から「また余計なものを増やした」とあきれられた。

24

会津横田（あいづよこた）

期待集める赤カボチャ王をめざす沖縄からの移住者

会津若松から73・2㎞　所在地：大沼郡金山町横田
開業：1963（昭和38）年8月20日　開業時から無人

駅のある横田地区ではいま、金山町特産の赤カボチャづくりに熱い期待が寄せられている。2023年11月、沖縄県出身の眞鍋一郎（50歳）さんと福岡県出身の加治智子さん（41歳）のカップルが、金山町での農業と農家民宿の経営を志し移住してきた。2人は農業と農家民宿をするための適地を探していたが、空き家バンクを通して横田に、300坪の土地と70坪の古民家をただで紹介してもらった。しかも東京ドーム半個分（約2・4ha）の山までついていた。

地区の人は快く2人を受け入れてくれたが、問題は農地が借りられないことだった。そこで区長の渡部真明さんが耕作放棄地を紹介してくれた。

南国育ちの2人を心配した役場の職員は、春に移住してくるようアドバイスしたが、2人は「ここに骨を埋めるつもりで来たのだから、豪雪地帯の厳しい冬を乗り切らないで何ができる」と不退転の決意を示した。

まず、前の持ち主が残していったものを処理するのがたいへんだった。専門業者に頼まず自分で分別して、軽トラックで27回も家と処分場を往復して家を住めるようにした。土地や家の登記も自分でやった。次にしたことは、翌年の籾米生産のための採籾用水田を切り拓いて苗を植えることだった。さらに、赤カボチャの畑を作るため、20年間耕作放棄地だったところを3反（約30アール）開墾した。「20年も人の手が入っていないと、木は人の背丈より高くなっているし、地面の中はクズなどの根が複雑に絡み合っていて鍬やスコップでは歯が立ちません。村の人たちが貸してくれた重機で何とか畑を作ることができました」と苦労を語る。これからは次年の赤カボチャを植え付けるための畝づくりに精を出す。さらに2反を開墾するという。

「赤カボチャ王と言われるようになる」と宣言した、眞鍋さんの2024年赤カボチャの作付けは350株、25年は1300～1500株にするのが目標だ。眞鍋さんの赤カボチャづくりは、農業委員で奥会津赤カボチャ生産者協議会の副会長でもある渡部さんが付きっ切りで指導に当たっている。

農家民宿のほうは、24年11月開業を目指して家の改修を進めている。これも大工に頼まずにできるだけ自分でやるつもりだ。

眞鍋さんを初めは「頼んでも来る人がいないこんな辺鄙なところによく来たな。いつまでもつかな」と見守っていた横田の人たちは、いまでは赤カボチャ以外の野菜の育て方を教え、農業用機械や器具を積極的に貸すなど、地区の一員と同じ扱いをしてくれている。

▼霧幻峡ラーメンと赤カボチャラーメンが人気

眞鍋さんの家からすぐそばにあるラーメン店「ひょっとこ亭」も移住者がやっている。24年前に埼玉県から移住、海鮮料理店を経て7年前からラーメン店に転換した小川亨（54歳）さんだ。只見線全線再開通1年前から話題になるメニューを開発しようと取り組んだ。それが、霧幻峡の神秘さ、美しさをラーメンで表現することだった。試行錯誤を繰り返し遂に完成したのが、霧幻峡ラーメン（税込み980円）。霧幻峡の名付け親で知られる、郷土写真家の星賢孝さんは店の常連で応援者、ネーミングも二つ返事でＯＫしてくれた。

完成した霧幻峡ラーメンは、麺とスープは緑色で只見川を、白ネギと白キクラゲは川霧、鶏むねチャーシューは和船、ブロッコリーは船頭を表現した凝ったものだ。さらに霧幻峡ラーメンは春待ち編もある。スープの色は白、白ネギと白キクラゲは木々に降り積もる雪、豚バラ肉のパイカチャーシューは只見川の岩、船の運行がないから、ブロッコリーの船頭の代わりに雪の塊を表現している。味は星さんのお墨付きだ。

筆者は赤カボチャラーメン（税込み９８０円）を食べた。スープの色は鮮やかなオレンジ色。食感はスープスパゲティのような感じで味は濃厚、筆者はどんなにおいしいラーメンでもスープを全部飲むことはないが、カボチャラーメンのスープは全部平らげた。「こんなにうまいとは思わなかった」と口走ったら、隣にいた赤カボチャ生産者協議会の渡部さんが「当たり前だ。ここのカボチャは俺が作ったんだ」。

最近は霧幻峡の渡し舟に乗った人たちが、霧幻峡ラーメンの評判を聞きつけてやってくる。

▼天然炭酸水を使った麹と味噌と赤カボチャジャムが自慢

ひょっとこ亭に赤カボチャを提供している渡部さんの本業は、江戸時代から続く老舗麹屋の６代目。防腐剤などの添加物を一切使わない、伝統的な製法で麹や味噌を作っている。大豆、塩、麹など材料はすべて国産のもの。

自宅の裏にある工房では、大きな鉄の鍋で大豆を薪で焚いて煮る。使う水は一つ只見寄りの集落・大塩地区で自噴している天然炭酸水だ。「炭酸水で煮ると豆が普通の水で煮るより柔らかくなる。味噌もまろやかに仕上がる。炭酸水で味噌を作っているのは俺のところだけだ」と胸を張る。

味噌は大豆1斗に麹1斗入り、大豆1斗に麹1斗5升入り、青豆1斗に麹1斗5升入りの3種類で、いずれも樽で熟成させる。客の好みに合わせて調合もする。特に自慢の一品は「炭酸水 黒豆味わい味噌」(750g・税込み1200円、2024年の価格)。

渡部さんは赤カボチャを使ったジャムも作っている。「奥会津金山赤かぼちゃ塩ジャム」(110g・税込み540円)といい、赤カボチャと塩と砂糖だけを原料にしている。防腐剤はもちろん、ペクチンなどの食品添加物は入っていないので健康食品として人気がある。味噌もジャムも生産量が少ないので、ネット販売はしていないが、東京の福島県のアンテナショップ・日本橋ふくしま館MIDETTE(ミデッテ)でも買える。どちらも渡部さんの自信作で「金山町産のもののうちミデッテで売っているものは、俺の味噌とジャムだけ」(渡部さん)だそうだ。

渡部麹屋
〒968-0322　福島県大沼郡金山町横田字居平656
電話0241-56-4031　FAX　0241-56-4147

▼会津地方でここにしかない磨崖仏群

横田地区から山入川沿いの県道を上っていくと、鮭立集落の背後にある洞窟の中に、会津地方でただ1カ所の磨崖仏群がある。最近、パワースポットとして参拝者が増えている。幅約5m、高さ約2m、奥行き1・5mの洞穴に彫られた江戸時代後期の51体の仏像群だ。

彫られている像の高さは約15㎝から60㎝までの厚肉彫りで、風化が進み、現存するのは36体だ。規模は小さいが作られた当時、各仏像は顔料が施され、美しい磨崖仏だったと考えられる。不動明王を中心とした仏像が多いことから、200年程前修験者によって数十年かけて五穀豊穣、病苦退散を祈って彫られたものだという。

天部（天界に住む者の総称で、仏教の守護神を表す言葉）の尊像である荼枳尼天、飯綱権現、九頭竜権現、鬼子母神、弁財天、閻魔大王などは県内唯一のものと思われる。特に深沙大将（じんじゃだいしょう）は全国的にも珍しく、臼杵石仏群（大分県）に一体あるだけだと言われている。深沙大将は、玄奘三蔵がインドへ旅した際、砂漠で玄奘を守護したと伝えられる。

▼只見川の島にある神社はパワースポット

横田地区には、只見川の島に鎮座する珍しい神社がある。只見川と支流の山入川の合流点にあり、1567（永禄10）年、この地を治めていた山ノ内氏が弥彦神社を勧請したと伝わる。祭神は、天香具山命で、新潟県にある弥彦神社の分神だ。1954（昭和29）年、下流の本名ダムの完成により水位が上がり、只見川では珍しい島になった。島になったばかりのころは神社に行くのに船で渡っていたが、いまは橋が架けられているため歩いて渡れる。広さ200坪弱の境内には3本の杉が繋がった「伊夜彦神社の三本杉」がそびえており、子授けのご利益があると言われている。

他にも「夜彦様の朴ノ木」と呼ばれるホオノキの高木も存在し、境内は静かで厳かな雰囲気に包まれている。島の裏側からは山入川の橋梁を渡る只見線の列車を見ることができる。島を囲む只見川の水の色は、ここでは晴天だと明るい緑色に見えることがある。夏は川霧も発生するので、只見線が全線開通してから神社を訪れる人が増えている。

第七只見川橋梁（撮影：星賢孝）

神社の向かい側にある山は、山ノ内氏の居城（横田中丸城）があった要害山で、標高５４７ｍの山頂が本丸跡になっている。戦国時代の山城の遺構がよく残っており、城好きの注目を集めている。横田地区では観光資源の一つにしようと、山頂までの道を整備し、７合目付近には展望台を設置した。展望台からは只見川と只見線の絶景が見下ろせる。山のふもとには駐車場と簡易トイレを整備し、来る人の便宜を図ることにしている。

25

会津大塩（あいづおおしお）

湧出量日本一の天然炭酸水と幻の温泉

会津若松から75・4km　所在地：大沼郡金山町大塩
開業：1965（昭和40）年2月1日　開業時から無人

奥会津の自然の恵みを満喫できるのがここ金山町大塩地区だ。天然の炭酸水（軟水）が豊富に湧き出る場所として知られる。奥会津地方では昔から薬水として知られており、評判を聞きつけて他県からいまも炭酸水を汲みに来る。炭酸水といえばヨーロッパのイメージだが、ヨーロッパのものは硬水だ。2016（平成28）年5月に開かれた伊勢・志摩サミットでは、日本の上質な天然炭酸水として各国首脳に供され好評を博した。近年、まろやかな口あたりが和洋中を問わずさまざまな料理に合うと評判を呼び、消費量が急拡大している。金山町のふるさと納税の返礼品でもある。

▼天然の炭酸水が湧き出す場所

「炭酸水」（大塩天然炭酸場という）に行くには、国道252号を只見方面に向かい只見線会津横田駅と会津大塩駅のほぼ中間のところを右に入ればいい。道路の右側に「天然炭酸水　めずらしい湧水です」の大きな看板が目に入るので、見落とし通り過ぎるおそれはない。

天然の炭酸水が湧き出る場所は日本に数カ所しかないが、湧出量では日本一だろう。ここの炭酸水は軟水・微炭酸で飲みやすさに定評がある。炭酸の苦手な人でも飲める。周辺で生まれ育った人たちは、子どものころコップや瓶に砂糖を入れてインスタントのサイダーとして飲んだ経験をもっている。

この炭酸水を沸かしてインスタントコーヒーを淹れると、ドリップコーヒーのように味がよくなるから不思議だ。逆に、コーヒー豆を挽いてドリップしたコーヒーは味が落ちるという。炭酸水で炊いたご飯も、普通の水で炊いたものよりふっくらと炊きあがり、味もずっとおいしいそうだ。焼酎やウイスキーの水割りにも合うとの評判が広がり、消費が伸びている。

1877（明治10）年に旧会津藩士が「太陽水」と命名、白磁の瓶に詰めて薬店で販売していた。1903（明治36）年にはヨーロッパの会社と提携し、国内では「万歳炭酸水」、海外では「芸者印タンサン・ミネラルウォーター」の名で販売していた実績もある。

大塩天然炭酸水

井戸は縦約4m、横約2m、深さは約4mもあり、冬から春は水量が多く水が井戸からあふれ、路面を川のように流れることもある。夏から秋にかけては湧出量が減る。湧出量が減ると鉄分が増えて味が落ちるという。井戸は水を汲みに来る人たちに気持ちよく利用してもらうため、地元の天然炭酸水保存会の人たちが定期的に管理している。

2019（令和元）年8月15日、井戸に炭酸水を汲みに来ていた男女2人が転落して死亡する事故があった。当時、井戸の水位は地面から1m下にあった。水面近くは炭酸ガスの影響で酸素濃度が低く、2人は酸欠状態で意識を失ったとみられる。以来、転落防止のために井戸に蓋をして、バケツ1杯分の開口部を設け鶴瓶式で水を汲むようになっている。ペットボトルに水を詰める、あるいはコップで飲むには井戸の隣にある水飲み場を利用すればいい。

コロナ禍で休んでいた大塩おばちゃん会の農産物直売所が2022（令和4）年7月から再開、毎週土日9時から15時まで、大塩天然炭酸場の駐車場で開かれている。新鮮な地元の野菜が買えるので喜ばれている。

大塩天然炭酸場から国道252号を只見方面へ少し行くと、もう一つの炭酸場「滝沢天然炭酸水」がある。大塩天然炭酸場よりはかなり小さいが、こちらもれっきとした炭酸場だ。

日本に数カ所しかない天然炭酸水が大塩地区には2カ所あるのだから、何ともうらやましい。

▼囲炉裏がある「古民家ゲストハウスかくじょう」

大塩天然炭酸場の近くに「古民家ゲストハウスかくじょう」がある。大塩で生まれ育ち、10年前に名古屋から故郷に戻った、加藤夕子さんが実家で始めた。いまも使われている囲炉裏がある。畳の上に寝転んで、自分の祖父母の家に来たのと同じだと感じてもらえる場にしたい、というのが加藤さんのめざす民宿だ。都会の若い人たちからの問い合わせが増えてきて、加藤さんは手ごたえを感じている。

最近、加藤さんを悩ましているのが、高齢化と人口減少による大塩地区での空き家の増加だ。空き家はタヌキやアナグマ、ハクビシンの格好の棲み処になる。加藤さんによると、大塩地区でも目撃情報が増えて、つい最近、国道252号でこれらの動物と思われる2頭の死骸が見つかったそうだ。

加藤さんは金山町議会議員でもあり、農家民宿経営の傍ら空き家対策に奔走する毎日だ。「大塩は住みやすいところです。空き家を紹介しますので、関心のある人はいつでも連絡してください」と加藤さん。

▼「幻の湯」と共同浴場

大塩地区には「幻の湯」と呼ばれる温泉がある。毎年4月に出現するのだが、時期、期間は毎年違う。雪解け水で只見川の水位が上がると出現する。過去には出現しないこともあった。２０２４年は4月22日に出現し、５月7日に一度消滅したが、５月17日に再出現し、25日に消滅した。民宿たつみ荘が所有しているので、入れるかどうかを確認し、許可を得て入る。

たつみ荘の隣に、大塩温泉組合が管理する共同浴場がある。只見川を見渡せる位置にあり、泉質はナトリウム―塩化物・炭酸水素塩温泉で、温度は38・３℃。青みがかった濁り湯で、大量の二酸化炭素やナトリウムを含んでいる。切り傷、末梢循環障害、冷え性、うつ状態、皮膚乾燥症などに効果があると言われ、「美人湯」とも称されている。入浴協力金４００円以上で利用できる。もともと温泉通に人気のあった共同浴場で、只見線全線再開通後は、以前より利用者が増えているという。

金山町と只見町の境界付近にある滝沢温泉「民宿松の湯」は、ナトリウム―塩化物・硫酸塩温泉で、毎分１２４ℓの湧出量を誇り、温度は52・６℃と高い。お湯の色は黄土色で濁っている。なめると甘味と潮気を感じる。浴槽への注ぎ口には赤褐色の析出物がびっしりついていて、温泉成分が濃厚であることを示している。ここも人気の温泉だが、現在は日帰り入浴しかできないのが残念だ。

▼東北一の規模を誇る滝沢川の甌穴(おうけつ)群

大塩地区を流れる只見川の支流・滝沢川は東北一の規模を誇る甌穴(おうけつ)群がある。別名ポットホール、かめ穴とも呼ばれ、川底の岩のくぼみなどに小石が入り込み、水流によって回転し深く削られることによってできる。ここの甌穴は発生、成長、消滅の過程が見られるので貴重だ。水の浸食がすすむと円形は崩れて連続した滝になる。奇岩怪石が連なり、自然による造形美の典型的な例の一つだ。

会津大塩駅は線路の両側を農道が走っている。北側の短いホームに接して小さな待合室がある。周辺住民でつくる「会津大塩駅をきれいにする会」の活動で、待合所は掃除が行き届いていていつも清潔だ。待合所作り付けのベンチには座布団も置かれている。駅周辺もよく手入れされており、花が植えられ、雑草もこまめに刈られていて気持ちがいい。会は最近、新しい試みを始めた。駅周辺の線路沿いにアザキ大根を植える取り組みだ。アザキ大根はこの周辺にしか自生しない野生の大根で、薄紫の可憐な花が特徴だ。すでに種まきも終わり、次の年の5月ごろには花が咲き、只見線の新しい撮影ポイントになるかもしれない。

只見線を見守る案山子たち

駅周辺はさまざまな案山子がやたら目に付く。案山子の密度ではここが只見線沿線で一番ではないか。きれいにする会や老人会の人たちが自分たちの代わりにいつも只見線を見守ってくれるようにと作ったものだ。いまでは撮り鉄たちも注目する撮影ポイントになっている。

26

会津塩沢（あいづしおざわ）

最後のサムライ終焉の地に建つ「河井継之助記念館」

会津若松から80・9㎞　所在地：南会津郡只見町塩沢
開業：1965（昭和40）年2月1日　開業時から無人

駅から歩いて10分ほどのところに、幕末の北越戊辰戦争で敗れ、越後・長岡から会津に向かう途中で亡くなった、長岡藩家老・河井継之助の生涯を紹介する「河井継之助記念館」がある。河井ファンなら一度は訪れたいところだ。

河井は長岡藩（7万4千石）の家老として、北越戊辰戦争では東軍、西軍どちらにも与せず武装中立の姿勢を貫こうとしたが、1868（慶応4）年5月、有名な小千谷談判で西軍に中立を拒否され、長岡藩は西軍と戦うことになった。

一度は落城した長岡城を取り返したが、再び城を奪われ会津へと敗走した。新潟県と福島県の県境は、越後山脈の険しい山道が連続する難所で、江戸時代は八十里越と六十里越の2つのルートがあった。河井が越えた峠は8里（約32㎞）の距離が十倍の長さに感じることから、昔から「八十里越え」と言われていた。八十里越えは折からの長雨続きで、山道は腰までつかる泥道と化し、その中を河井は戸板に載せられて運ばれた。途中で詠んだ句「八十里 こしぬけ武士の 越す峠」はよく知られている。「腰抜け」と「越後を抜け出る」を重ねた自嘲の句に、河井の無念さが伝わってくる。

河井は旧暦8月5日（新暦9月20日）に只見に辿り着き、会津若松をめざすも長岡の戦いで受けた傷は深く、只見町塩沢の医師・矢澤宗益宅で旧暦8月16日（新暦10月1日）死去した。享年42だった。「継之助」を会津では「つぐのすけ」と読み、長岡市では「つぎのすけ」と読む。「つぎのすけ」は長い間長岡市民に親しまれた呼び名なのである。

▼当時のままの河井の遺品や調度品

河井が息を引き取った医師・矢沢家の家は、1962（昭和37）年に滝ダムの建設で水没するまで残っていた。ダム建設に伴う移転の際、矢沢家が山側に移築され、家の一部であった終焉の間は、河井の遺品や調度品とともに当時のまま保存された。

終焉の間の保存は矢沢家の尽力失くしては語れない。「医師・矢澤宗益宅では、孫の宗篤が1915（大正4）年に『河井継之助君終焉之地』建碑運動をはじめ、1937（昭和12）年宗篤の孫伊織が、当時の自宅の敷地に建設。戦後の只見川電源開発によって終

河井継之助記念館

河井終焉の間

焉の家が湖底に沈むことになり、伊織は自宅（いまの河井継之助記念館の辺り）に終焉の家を移築すべく申請を行なうものの開発者から拒否され、やむなく私財で終焉の部屋だけを移築して当時の自宅に付け足した。その後長岡市の寄付金50万円を元に『河井記念館』（いまの山塩資料館の建物）の開館を経て、現在の河井継之助記念館となる」（小説「峠」と北越戦争 VOL.1「峠」王プロジェクト実行委員会事務局編１９７１年３月31日発行）。

記念館は１９７３（昭和48）年に開館したが、１９９３（平成５）年に終焉の間を記念館内に移築して新装開館した。２００８（平成20）年には、河井の生地・長岡市に記念館が開館したのを機に、展示内容をリニューアルしている。鉄筋コンクリート一部２階建ての堂々たる記念館は６１８㎡もあり、８つのコーナーに分かれている。入り口を入ってホールの左側には、いちばんの見所の河井終焉の間がある。河井を看取った医師・矢沢宗益家の一部で、当時の間取りが再現されており、河井の遺品、調度品なども展示されている。１階は河井の生涯、只見での会津戦争、河井と関係のあった人たちの手紙や書、河井をはじめ長岡の人たちが苦労して越えた八十里越関係資料がある。

▼河井自らが操作したガトリング砲のレプリカ

２階は河井の生涯の続き、長岡での北越戊辰戦争のコーナーでは、河井自らが操作したガトリング砲のレプリカが目を惹く。ガトリング砲のそばに立つ河井継之助像が着ている衣装は、１９７７（昭和52）年のＮＨＫ大河ドラマ『花神』で、河井役の高橋英樹が実際に着用したものだ。「峠の世界」コーナーでは、小説『峠』で河井が只見で過ごした12日間を紹介している。最後は司馬遼太郎が只見を訪れた際に揮毫した二書が展示されている。「山水相應蒼龍窟」は、この塩沢の美しい山々と只見川の水が、蒼龍窟という号をもつ河井継之助にとって、最もふさわしい最後の地である、という意味だ。「壺中天」は、俗世間からかけ離れた別天地の意で、いずれも塩沢の地をたたえている。司馬は『峠』連載終了から6年後の74（昭和49）年9月28日、記念館を訪れ、求めに応じてこの二書を揮毫したという。

年間を通しての記念館の入場者は意外に少ない。コロナ禍の影響を受けたと思われる2020（令和2）年度と21年度は4000人に満たなかった。その前後も4500〜5000人台後半に推移し、決して多いとは言えない状況が続いている。22年度は、映画『峠　最後のサムライ』が全国公開に先駆けて只見町で先行上映会が行なわれ、記念館創立50周年企画展「峠　最後のサムライ展」もあり、過去最多の7906人が来場した。23年度は、只見線再開通1周年記念として「戊辰戦争当時の仮装で只見線に手を振る」（会津塩沢駅付近）イベントを実施したが、入場者は5784人にとどまった。

記念館は豪雪地帯にあるため、11月中旬から4月下旬までは閉館を余儀なくされる。歴史好きの人たちの中で、戊辰戦争と河井継之助の資料を見学するために只見町まで足を運ぶ人がどのくらいなのかはわからないが、入場者を増やすには1年を通してイベントに依存しない企画展などを充実することが求められる。長岡市の記念館と共同で、相互にゆかりの地を訪問し合うツアーなどを考えてはどうだろうか。

▼毎年河井の命日に行なわれる墓前祭

河井は亡くなったその日に遺言により荼毘にふされた。遺骨は会津若松に運ばれ、建福寺の東側、小田山の中に埋葬され墓が作られた。塩沢の人たちは残された細骨を丁寧に拾い集め、記念館から300mほど離れた塩沢川沿いの医王寺に墓を作った。西軍の目をはばかり文字は刻まず、墓の形式も祠の様式にするなど細かい配慮が払われている。後に幕府侍医・松本良順と長岡藩医・阿部宗達により礎石が築かれた。

現在の墓は、1937（昭和12）年、長岡市の篤志家により再補修、整備されたものだ。

毎年、河井の命日である旧暦8月16日（新暦10月1日）は、河井ファンや塩沢の人たちによって墓前祭が行なわれている。

▼精巧なジオラマで製塩の様子がよくわかる山塩資料館

記念館の隣にあるのが山塩資料館だ。できたのは記念館と同じ1993（平成5）年で、当初、河井終焉の間はここに保存されていた。53㎡と建物は小さいが、明治後期まで実際に山塩を生産していた資料が保存、展示されている。全国的にも山塩に関する資料は貴重で、精巧なジオラマと中学生が描いた絵で製塩の様子がよくわかる。中学生が描いた絵は非常に珍しい。記念館と合わせて見学する価値がある。

塩沢での製塩の歴史は古く、新編会津風土記には「村中に塩井あり村名の起こり所」と記され、塩の産地として有名だった。塩沢の製塩は明治までと、戦後の一時期行なわれていた。江戸時代の塩井は周囲6尺（約1・8m）、深さ1丈（約3m）もあり、塩小屋も6軒あった。村民が農業の傍ら良質の塩を生産し、他村に売っていたことが記されている。ちなみに1ℓ中の塩分は、海塩で食塩23g、会津で採れる塩（山塩）は16・5gと海塩に比べて少ない。これは内陸にある塩水が、海水そのものではなく化石水だからだ。

塩沢の人たちは製塩を復活させようと考えているが、水没している塩井のある所を特定するのが難しいようだ。

27

会津蒲生（あいづがもう）

会津の「マッターホルン」

会津若松から83・9㎞　所在地：南会津郡只見町蒲生
開業：1963（昭和38）年8月20日　開業時から無人

只見線沿線で只見川と只見線を眼下に望める高台を、特に○○俯瞰と呼んでいる。駅の北東側に聳える会津蒲生岳は、標高828mの奥会津では珍しい独立峰だ。山頂からは眼下に只見川沿いを走る只見線をはじめ、浅草岳や会津朝日岳、越後駒ヶ岳など奥会津と越後の名山を望むことができる。俯瞰としては景勝第一と言っていい。

会津蒲生岳は、西側から見た山容がヨーロッパアルプスのマッターホルンに似ているため、多くの登山ファンから「会津のマッターホルン」と呼ばれ親しまれている。登山道は、只見寄りの駅のホームから踏切を渡ったところから始まるのでわかりやすい。登山道はかなりの急坂で岩場が多く、頂上直下には鎖場もあるが、普通の人なら往復約3時間で登ることができる。しかし、安全のため単独の登山は控えたほうがいい。会津蒲生岳や周囲の山々が新緑に輝く頃か、燃えるような紅葉に包まれる頃に登ることをお薦めする。

▼会津と越後を結ぶ八十里越の関所「叶津番所」

蒲生から只見町に向かう国道252号沿いに叶津番所（旧長谷部家住宅）がある。主屋桁行24・35m、

蒲生駅付近(撮影：星賢孝)

梁間10・15mの大きな茅葺の厩中門造り（曲がり家）で、江戸時代後期の建築として県の重要文化財に指定されている。前駅会津塩沢でもふれたが、北越戊辰戦争で西軍に敗れ、八十里越を戸板で運ばれてきた河井継之助が一時滞在し、東軍と西軍、両軍の本営としても使われた由緒ある建物だ。歴史ファンなら訪れてみたいところだ。

長谷部家住宅は戦国時代から続く会津と越後を結ぶ八十里越の関所で、江戸時代、叶津番所と呼ばれていた。通行人や物資の出入りを監視する役目を持っており、叶津村名主宅でもあった。長谷部家は、代々名主役と口留番人役人を兼ねた。幕府や会津藩の役人のため上段の間の奥座敷を設けてある。規模の大きい上層家屋で、厩や中門をつけた大型の曲り家の構造を持つ堂々たる風格ある構えとなっている。

▼福島県で最も古い農家「国指定重要文化財・旧五十嵐家住宅」

叶津番所を見学したら、すぐ裏にある国の重要文化財・旧五十嵐家住宅も訪れてみたい。旧五十嵐家住宅の屋根は茅葺きで、内部は桁行7間（約13・3ｍ）、梁間4間（約7・6ｍ）ある。柱の墨書から江戸時代中期の１７１８（享保３）年に建築された福島県で最も古い農家の建物で、建築年代がわかり貴重だ。太い梁と柱、家の各部の部材の寸法が比例的に作られているなど、豪雪に耐える構造であることがわかる。

▼継承される伝統的発酵食品「いずし（飯寿司）」

蒲生に住む馬場永好さんは、伝統的な発酵食品「いずし（飯寿司）」作りの継承者だ。いずしを作れる人は奥会津全体でも数えるくらいしかいないという。いずし作りは、数百年以上にわたって受け継がれてきた製法で、発酵によって動物性たんぱく質を保存するための知恵が詰まっている。馬場さんの作るいずしの材料は、ウグイ、米飯、麹、塩、山椒の葉だけ。２０２４年は15kg作るという。

作り方はまず、ウグイの捕獲から始まる。春から初夏にかけて只見川の支流に産卵のために遡上してくるウグイを、人工の産卵場所（ませ場）に誘導する。50cmくらい川底を掘り、そこにきれいな小砂利をたくさん敷いて、ほどよい流れに作り変える。そこにウグイが集まり産卵しているところを投網で捕る。産卵期のウグイは餌を摂らないので生臭さがなく、内臓もきれいだ。

ウグイは産卵期になるとオスもメスも腹に、縦に黒帯2本、鮮やかなオレンジ色の帯3本が現れることから、アカハラとも呼ばれる。捕ったウグイは、すぐに尾びれの近くにある尻穴にナイフを差し込んで、一気に頭に向けて腹を割きワタ（内臓）を取り除く。ワタ取りは小さいウグイのほうがやりやすい。頭は捨てずに残す。頭から良い味が出るので、頭がないと味が落ちるそうだ。塩漬けする前の水洗いは、内臓の血合い（背骨のところにある血の塊）やウロコまで洗い落とすので、軍手をはめて流水で丁寧に洗い流す。その後、水気を取り除いて塩漬けにする。塩漬けにしたウグイは「きつけ」といって、1日から1週間程度しっかりと重石を載せてそのままにしておき、水が上がってくるのを確認する。それから本漬けに取り掛かる。

山椒の葉を用意し、コメを炊き、笹の葉を鍋で煮る。炊きあがったコメをボウルに移し、人肌くらいになるまで冷やす。そこへ山椒の葉と塩、ひとつまみの麹を入れてへらでまんべんなくかき混ぜる。この作業は、笹の葉がもつ雑菌の繁殖を抑える作用を活かすのに不可欠なのだ。これでいずし作りの準備は万端となる。

樽の底に笹の葉を敷き、周りに笹の葉を立てる。漬け込みにも笹の葉を使うのは、今後の過程での雑菌の繁殖を抑えるためだ。樽底に敷いた笹の葉の上に混ぜた米飯を敷き詰め、さらにその上に山椒の葉を敷き、その上にウグイを丁寧に並べていく。この時、手のひらを使ってウグイをしっかり押し付ける。この作業を交互に繰り返していき、最上部に米飯をかぶせ、笹の葉を敷いて南蛮（唐辛子）2本を載せて蓋をして密封する。

密封した樽は、落し蓋をして重石をしっかり載せて、土蔵の中で保管する。土蔵の中は年間を通して温度と湿度が一定なので、発酵がゆっくり進み味の良いいずしができあがる。樽の中のウグイや米飯から出た水が上がってきたら、重石は減らすなどして空気中の雑菌がなくなる12月頃まで保管する。できあがったいずしは、家族で食べるほか親しい人たちに分け与えたりする。臭いや味は、同じ発酵食品である「くさや」に似ているという。

ウグイのワタも捨てない。空気袋は取り除くが、ワタは水洗いもせずにそのまま瓶などに入れて塩漬けにする。只見町では「なっちもん」と呼び、発酵が進むと脂っこさが増し、珍味となる。アユのワタを発酵させた「うるか」のウグイ版だ。１０２歳まで生きた馬場さんの祖母は、口内炎ができるたびに、なっちもんをご飯と一緒に食べると、たちどころに口内炎が治ったという。

いずしは、塩気が強いので毎日は食べないが、山奥でクマやウサギなど獣の肉しか手に入らない土地ならではの冬期間の保存食だ。

28

只見（ただみ）

人と自然が共生する町

会津若松から88・4km　所在地：南会津郡只見町只見
開業：1963（昭和38）年8月20日

▼只見町は90％以上が山林

只見町は東京23区の1・2倍の広さをもち、その90％以上が山林という自然豊かなところだ。ブナを中心とする落葉広葉樹の森は、広さが約4万ha、青森県と秋田県にまたがる白神山地の世界自然遺産登録面積の2倍強もあり、約40種の哺乳類、約170種の鳥類が生息している。豪雪に育まれた自然環境と生物多様性の下で、住民の生活文化が、人と自然が共生するモデルとして国際的に認められ、2014（平成26）年に只見ユネスコエコパークとして登録された。

只見町のブナの森は、豪雪地帯にあるので関東地方のブナ林とは違い、林内にユキツバキも生えていて、ブナの新緑の季節に赤い花を咲かせて散策する人を喜ばせる。林床には白い半透明のギンリョウソウやオオイワウチワの薄いピンク色の花が彩を添える。樹上ではブナの若葉の中を、福島県鳥のキビタキをはじめオオルリ、ヤマガラ、カケスなどが餌の虫を求めて忙しく飛び回る。只見町の森は、野生動植物観察と山菜採り、渓流釣りが趣味の筆者には魅力いっぱいで、1年じゅう森の中で暮らしてもいいくらいだ。

国道289号と県道153号沿いの只見町と金山町の境には、初心者から上級者まで楽しめるブナ林がある。恵みの森は、約4キロにわたって一枚岩の平滑が続き、雨靴で歩き回れるので人気がある。渓流沿いには水辺を好むサワグルミやトチノキが生えているのだが、ここではブナに蔽われている珍しい渓畔林（川の上流の狭い谷底や斜面にある林）だ。

初級者向けには恵みの森に隣接して癒しの森がある。どちらも駅から20km以上離れていて遠いのが難点だが、行ってみる価値はある。

もっと近いところでは、深沢の「只見町交流促進センター 季の郷 湯ら里」から歩いて20分ほどのところに余名沢のブナ林がある。ブナ林に入るにはガイドが必要で、駅前のインフォメーションセンターや湯ら里、廃校になった小学校の分校を改装した「森の分校ふざわ」などで申し込めばいい。

湯ら里は只見駅から約13km、車で約20分のところにあり、1996（平成8）年4月に営業を開始した。只見町が駅周辺を含む広大な地域を探査した結果、やっと掘り当てた只見町では唯一の温泉で、隣には日帰り温泉施設「深沢温泉 むら湯」もある。

▼「只見町交流促進センター 季の郷 湯ら里」の「ソースカツ丼」

私事になるが、湯ら里のレストランで食べた、会津名物のソースカツ丼の味が忘れられない。食べたのは2023（令和5）年5月6日。この日は群馬県のJR上越線沼田駅前から只見駅前までの4泊5日の徒歩旅行の途中だった。温泉入浴と昼食休憩を兼ねて湯ら里に立ち寄ったのだった。

湯ら里のレストランのメニューにソースカツ丼があったので食べることにした。旅の途中でもあり奮発して「上」を注文した。大きな漆塗りの器に、肉だけで500gを超すカツが大盛のご飯の上に6等分されて載っていた。値段は税込み2585円だった（当時）。これが想像を絶するうまさだったので、ま

湯ら里でソースカツ丼を食べる筆者

た食べに行こうと思いメニューの確認をしたら、3種類の新しいメニューに変わっていた。ソースカツ丼（肉200g、税込み1320円）、ダブルソースカツ丼（肉400g、税込み2310円）、トリプルソースカツ丼（肉600g、税込み3520円）の3種類で、肉はどの丼も表示の量より少し多くなっているという。肉質と味は以前と変わらないというので、食べてみようと思う。

徒歩旅行で只見川の支流・伊南川沿いを只見に向かっていた時に、ユビソヤナギ（絶滅危惧種）の林が断続的に連なっているのに圧倒された。ユビソヤナギは1972（昭和47）年、群馬県みなかみ町にある利根川の支流・湯檜曽川で発見された日本固有のヤナギの一種だが、伊南川沿いのユビソヤナギの林は発見地をはるかにしのぐ国内最大の自生地だ。直径50㎝を越える巨木もあり、筆者などは眺めているだけで楽しくなる。只見で先に発見されていれば、タダミヤナギかイナガワヤナギになっていただろう。

▼平地では珍しいブロッケン現象が出現

ユビソヤナギの観光資源化は難しいが、田子倉ダム周辺で見られるブロッケン現象はもっと宣伝していいのではないか。ブロッケン現象はドイツのブロッケン山（1142m）で見られる現象で、霧が立ち込める高山で日の出や日没時に太陽を背に立つと、前面の霧や雲に自分の影が映り、影の周りに虹の輪が浮かび上がる。日本では「御来光」と呼ばれ、阿弥陀様が光背を背負って現れたものとして信仰を集めた。只見町のような平地で見られるのは珍しい。

只見川でブロッケン現象がみられるのは、7月から8月の朝6時から8時の間。只見川の水は冷たく、夏には川霧が発生する。そこに朝の太陽光線が当たることで自分の影の周りに虹の輪ができる。前日の気温が高く、朝から川霧が出ていてよく晴れていれば見逃すことはないが、直射日光を背中から受けることを忘れないでほしい。駅前から徒歩10分ほどのところにある常盤橋とその上流の町下橋が行きやすい。

只見町の自然の豊かさを堪能する最後は雪食地形だ。雪食地形は豪雪地帯特有の現象で、繰り返し発生する雪崩で山の斜面が削られ、木の生えているところと生えていないところが縦縞模様に見えるのが特徴だ。

只見線沿線の雪食地形は、早戸駅付近から始まる。木の生えている尾根筋は、早戸駅付近では針葉樹のキタゴヨウが目立つが、只見駅に近づくにつれてブナの高木、キタゴヨウをはじめとする針葉樹、雪によって育つことのできない低木などがモザイク状に広がっている。新緑と紅葉の季節は特に美しい。標高1000mほどの低い山で、しかも人里近くで雪食地形がみられるのは日本ではここだけだ。運が良ければ雪食地形を悠然と横切るカモシカを目撃できるかもしれない。

▼農家民宿レストラン山響(やまびこ)の家

只見での宿泊は、駅から歩いて10分ほど、旧沼田街道沿いにある「農家民宿レストラン山響(やまびこ)の家」がお薦め。営んでいるのは只見町で生まれ育った鈴木サナエさん。ドイツとカナダの旅行で民

山響の家

泊し、普通の人たちの生活を垣間見て、家庭料理のもてなしを受けた経験が民宿を始めるきっかけの一つとなった。

「只見らしい木の家に住み、山菜、野草、薬草を利用し食べる只見の暮らしが私の理想で、お客様と共有できたら幸せです」（鈴木さん）。自家製の無農薬野菜や地元の旬の山菜にこだわった鈴木さんの料理は絶品だ。

筆者が泊まった4月26日の夕食メニューは以下の通り。

山菜ご飯（ゼンマイ、マイタケ、ニンジン、ワラビ）、汁（油揚げ、ノカンゾウ）、焼き魚（イワナのムニエル焼き、エゴマ油）、煮物（タケノコ、タマネギ、ナガイモ、ニンジン、マイタケ、ホタテ）、天ぷら（フキノトウ、サツマイモ、カボチャ、スギナ、ヨモギ）、刺身（カルパッチョ風、塩麹味、野菜数種）、ゼンマイの煮物（コンニャク、ニンジン、ゼンマイ）、アケビ萌えの卵和え（ミツバアケビの芽、卵）、ノカンゾウのじゅうねんドレッシング和え。じゅうねんは会津の方言でエゴマのこと。夕食は至福の時間だった。こういう料理が駅前の食堂やレストランで食べられれば、只見駅で降りる人は増えるだろうとつくづく思う。

山響の家を薦める理由は料理だけではない。１９２８（昭和３）年に建てられた総二階の大きな農家で横幅は10間（約18ｍ）もあり、大きな柱や梁は豪雪地帯ならではの構造がわかり勉強になる。休む部屋は二階にあり、襖と障子に囲まれ、違い棚のある床の間付きの広い部屋で落ち着けた。

50坪ほどの庭もすごい。直径30㎝ほどのブナの木が2本ある。自然の豊かな只見町でも、街中の庭にブナの木が生えていたのはここだけだった。木の周りには実生の若木がたくさん生えている。放っておけばやがて立派なブナ林になることだろう。庭には筆者が知っているだけで、エゾツツジ、ハクサンシャクナゲ、シラネアオイ、エンレイソウ、マイヅルソウなどの高山植物もあった。ミニ野草園と言ってもいい。

驚いたのは、会津で古くから庭木として植えられてきたキャラボクが4本もあったことだ。キャラボクはイチイとよく似ているが、イチイのように高木にはならず、背丈が低く枝が密生するのが特徴だ。最近の会津では庭木として植えられることもなく、古い家を改築する時には一緒に伐られてしまうことが少なくない。庭木としては絶滅危惧種と言っていい。

山響の家での1泊は、自然の宝庫・只見町の旅を締めくくるのにふさわしかった。山響の家では、1日1室1組しか接客しないことを忘れずに付け加えておく。

農家民宿レストラン山響（やまびこ）の家
〒968-0421　福島県南会津郡只見町大字只見字沖1541-1
電話0241-82-2123

29

田子倉（たごくら・廃駅）

かつては東北地方の鉄道では西端の秘境駅

会津若松から95・0㎞　所在地：南会津郡只見町田子倉
開業：1971（昭和46）年8月29日　廃止：2013（平成25）年3月16日

駅舎周辺に民家はなく人気がまったく感じられない秘境駅として人気があった。開業当初からの無人駅で、2011（平成23）年7月30日の新潟・福島豪雨により営業を休止した。12年10月1日、只見駅－大白川駅間が復旧するも、田子倉駅は全列車通過となり、13年3月16日のダイヤ改正で廃止となった。廃止になるまでは、東北地方にある鉄道駅ではいちばん西に位置していた。

駅舎は田子倉湖北側の崖上、国道252号沿いに残っている。外観は建設資材の倉庫のようだ。鋼板波板造りの駅舎は、上部は薄水色、下部は薄緑色で連続する山のような模様に塗られている。塗装は傷みが始まりところどころ赤さびが浮いている。駅名表示板は撤去され、駅舎は頑丈なチェーンでロックされており中には入れない。

ホームは大白川側の六十里越トンネルと只見側の田子倉トンネルの間に位置し、スノーシェッドに覆われており、崖上からも田子倉湖からも見えない。ホームへは、入り口を入って右側の舗装されていない狭い通路を通り、コンクリートの階段を二度折れて降りて行かなければならなかった。

ホームは残っているが駅名表示板は撤去されているので、駅跡を通過するときはよほど注意しないと見過ごしてしまう。

田子倉駅舎

スノーシェッドと六十里越トンネルの間は７００ｍほどの空間となっており、左側に田子倉湖、右側に浅草岳が望める。運転士によってはこの区間を徐行してくれることもある。

30

大白川（おおしらかわ）

新潟側最初の駅は秘境の雰囲気

大白川駅：会津若松から109・2km　所在地：魚沼市大白川
開業年月日：1942（昭和17）年11月1日　無人駅化：2009（平成21）年4月1日

福島・新潟県境にそびえる越後山脈の難所・国道252号の六十里越峠は、古代から会津地方と新潟県魚沼地方を結ぶ重要な道路だ。山道の険しさから6里（約24km）の距離が10倍に感じることから、六十里越と呼ばれるようになった。今でもこの区間は、毎年11月中旬から4月下旬までの冬期間は雪に閉ざされ、通行止めとなる。

1971（昭和46）8月29日、JR会津線・只見—JR只見線・大白川間20・8kmが開通、会津若松（福島県会津若松市）—小出（新潟県魚沼市）間135・2kmが完全につながった。六十里越を挟んだ奥会津地方と魚沼地方の住民は、冬期間でも行き来できるようになった。六十里越がいかに難所かは、工期が6年もかかったことと、只見—大白川間は只見線最長の六十里越トンネル6359mをはじめトンネル区間が60％を占め、16もの橋梁で結ばれていることによってわかる。

大白川は新潟側の最初の駅で、大白川—小出間ではここだけが列車交換が行なわれる。ホームに立って只見方面を眺めると、ホームの先に山が迫っていて終点駅のように感じる。大白川は開業以来、只見線全通まで29年間終点駅だった。周囲は1000m級の山々に囲まれている。駅舎がなければ秘境駅の雰囲気がある。

ホームから構内踏切を渡った先に、鉄筋コンクリート造り2階建ての駅舎がある。床面積は309・44㎡もあり、無人駅とは思えない。1988（昭和63）年に建てられたもので、魚沼市入広瀬自然活用センターと共用している。1階には駅事務所と待合所がある。2階には手打ち蕎麦で人気の「そば処 平石亭」がある。冬期間は休業し、土日祝日限定の営業だが、山菜を使った豊富なメニューが評判で、遠くから車でやってくる人が多い。

▼日本経済と電源開発に寄与

大白川駅の構内は新潟側沿線でいちばん広い。かつては貨物専用の線路が何本もあり、第2次世界大戦中は鉄の生産に欠かせない珪石の輸送に、戦後はダム建設用の資材、線路に敷く砕石、パルプ原料のチップ、ブナ材などの積み出しに活躍、貨物取扱量は沿線で最大だった。

駅には転車台もあった。蒸気機関車の宿命でバック運転に不向きなため、必ず転車台を使っての方向転換が行なわれた。小出駅から客車をけん引してきたC11形蒸気機関車は、大白川到着と同時に客車から切り離され、小出行きの列車をけん引するため転車台へ。方向転換が終わると、給水塔から水をたっぷり積んで客車を連結して小出駅へ向かった。蒸気機関車時代の唯一の遺構だったこの給水塔も、2024年3月5日に撤去されてしまった。新潟県側只見線の蒸気機関車は、只見線全線開通から3カ月足らず後の1971（昭和46）年11月4日に運転を終えた。

かつて貨物輸送でにぎわった大白川駅は、いまは登山と森林散策などアウトドアを楽しむための拠点に様変わりした。大白川駅に来たら見逃せない自然現象がある。毎年4月に現れる「雪流れ」と言われる現象で、冬の間水を抜いた破間川ダムに4m以上の雪が積もり、春の貯水の開始とともにダムの水位が上がり、積もっていた雪が割れて流氷のようにダム湖の水面を漂い、やがて大小さまざまな形になって破間川に流れ出す。ここだけの絶景を見逃すまいと多くの人が撮影に訪れる。

▼登山客でにぎわう守門岳と浅草岳

登山の好きな人には守門岳と浅草岳が待っている。守門岳は標高1537mの袴岳を主峰に青雲岳、大岳、中津又岳からなる馬の背状の山塊で、新潟県屈指の名峰として知られる。春には東洋一と言われる大雪庇を、秋には色鮮やかな紅葉を目当てに多くの登山者が訪れる。ブナの原生林と高山植物の種類の多さでも登山者の間では評価が高い。眺望の良さでも有名で、主峰の袴岳からは、越後平野越しに佐渡島まで一望できる。後ろを振り向けば、浅草岳に八海山、中ノ岳、越後駒ケ岳の越後三山、遠くは尾瀬の燧ヶ岳と飯豊連峰も見渡せる。

浅草岳は新潟・福島両県にまたがる1585mの山で、山頂手前には美しい池塘、湿原が広がる。高山植物や野生動物、野鳥の宝庫としても人気がある。花の百名山にも入っていて、6月下旬から7月上旬に咲くヒメサユリを求めてやってくる人が多い。

▼奥只見の自然を満喫できる新潟県立浅草山麓エコミュージアム

登山とまではいかなくても、奥只見の自然を満喫する施設がある。新潟県立浅草山麓エコミュージアムだ。越後三山只見国定公園内の浅草岳山麓に広がる緑豊かな自然を体験・観察できる施設で入園料は無料。施設には地元ネイチャーガイドが常駐している。

ドが連続する。

大白川―柿ノ木間にある柿ノ木スノーシェッド（撮影：星野正昭）

広い敷地内には山麓の動植物と自然環境をわかりやすく解説する展示施設と自然散策路がある。自然散策路ではブナの森やミズバショウの咲く湿原などを楽しむことができる。自然散策路にはバリアフリーの木道もあり車いすの人でも安心して楽しめる。エコ・フィールドでは152種類の動物や昆虫と53種類の鳥類、172種の植物などが観察できる。

家族連れには、浅草岳登山や奥只見湖でのカヌー、ネイチャーハイクや里山トレッキング、野外料理入門などの環境学習プログラムが用意されている。冬は豊富な雪の中での、スノーシューやクロカンスキーなどの入門プログラムもある。

大白川駅は標高302mのところにあり、終点の小出駅は92m。只見線は標高差210mをほぼ1本調子に下って魚沼盆地の平坦部へ向かう。

大白川―柿ノ木間の国道252号は長大なスノーシェッ

▼「だんだんど〜も只見線元気会議」

只見線の新潟県側には「だんだんど〜も只見線沿線元気会議」というユニークな団体がある。新潟県地域振興局、魚沼市、只見線沿線コミュニティ協議会、商工会、ＮＰＯ法人、個人などが只見線の魅力を発信し、沿線地域の活性化を目的に２０１１（平成23）年3月に結成した。「だんだんど〜も」は特別な意味はなく、日常会話の初めに交わされる言葉で「こんにちは」と変わりないという。ＳＮＳでも只見線沿線のイベント情報などを積極的に発信している。大白川から小出までの8駅では「だんだんど〜も」の会員たちそれぞれのさまざまな活動が見られる。

31

柿ノ木（かきのき・廃駅）

何もない駅跡にわびしいカエルの鳴き声

会津若松から112・4km　所在地：魚沼市穴沢
開業年月日：1951（昭和26）年3月1日　廃止：2015（平成27）年3月15日

前駅で紹介した「だんだんど〜も」の会員・星野正昭さんが柿ノ木駅の跡を見に連れて行ってくれた。駅は当初、仮乗降場として設置された。2013（平成25）年3月16日に臨時駅に格下げとなり、定期列車はすべて通過することになり、それまでの利用者は隣の大白川駅か入広瀬駅を利用することになった。駅はかつて国道252号と田んぼの間にあった。只見線の線路が柿ノ木集落の外れまでまっすぐに伸びている。駅の痕跡はまったくない。これでは廃止というより抹殺ではないか。利用者は少なかっただろうが、50年以上も駅として存在していたのだから、柿ノ木駅があったことを示す記念碑か説明板のようなものを設置してもいいのではないか。

水の張られた田んぼでカエルが鳴いているが、ほかの田んぼのカエルと違って鳴き声がこころなしかわびしく聞こえる。ホームがあったと思しき所をよく見ると、幅1m足らずの道の跡のようなものがあるだけだ。

最後の列車が柿ノ木駅に止まった時、「だんだんど〜も」の人たちは、柿ノ木駅に感謝するセレモニーを行なったという。

入広瀬駅の駅舎だった雪国観光会館に、只見線に関する資料が展示されている。その中に、入広瀬駅

柿ノ木駅跡

構内に設置されていた駅名表示板があった。平仮名で「かきのき」の文字の下にアルファベットで「KAKINOKI」とある。これが柿ノ木駅の存在していたことを示す唯一の物証だ。

駅として機能していた頃、時刻表での駅名は「柿ノ木」で、ホーム上の駅名表示が一時「柿の木」だったことを思い出した。なぜこのようなことがあったのか、「柿の木」から「柿ノ木」に変わったのはいつか、などと考えながら駅跡を後にした。

32

入広瀬（いりひろせ）

豊富な山菜による村おこしをめざした「さんさい共和国」いまいずこ？

会津若松から115・6㎞　所在地：魚沼市大栃山
開業年月日：1942（昭和17）年11月1日　無人駅化：2010（平成22）年4月1日

入広瀬駅の駅舎は、無人駅には不釣り合いなくらい大きい。実は魚沼市の施設「雪国観光会館」で1988（昭和63）年に改築された建物だ。鉄筋造一部2階建てで、延床面積は約110坪もある。駅舎は会館に同居している形だが、どちらもほとんど使われていない。1階の資料コーナーには、廃止になった柿ノ木駅の駅名標や旧入広瀬駅舎の写真、行先標、旧国鉄職員の制服などが展示されている。目を惹くのは、大白川―只見間の六十里越えトンネルが貫通した時の岩くらいだ。

入広瀬は旧入広瀬村の中心で、新潟側只見線沿線での電源開発が華やかな頃は大いに繁栄した。いまは町というより山間の集落で、かつて映画館やパチンコ店、スーパーマーケット、診療所などがあった面影はない。

旧入広瀬村には、豊富な山菜による村おこしをめざした「さんさい共和国」があった。当時の村長や観光関係者のアイデアで、独立宣言は1983（昭和58）年10月22日、国旗と国歌ももっていた。毎年6月と10月の山菜・キノコシーズンには建国祭も開かれていた。

▼国歌は歌謡曲「北国の春」の替え歌

緑と白であしらった共和国の国旗には、丸い輪の内側に「さんさい共和国」の文字と人の輪を表した村章、ゼンマイとワラビをデザイン化した絵があり、外側の上の部分にはローマ字で「NIIGATA IRIHIROSE」と書かれていた。国歌は歌謡曲「北国の春」の替え歌で、山菜通や民宿経営者などがみんなで知恵を出し合って作った汗の結晶だ。

山菜は雪の深いところほどおいしいと言われる。昔から山菜を生活の糧としてきた入広瀬の人たちの、山菜への思いがこもった歌詞だと思う。

「山菜　ふるさと　入広瀬　緑濃い山々／越後路の　ああせせらぎの里／

季節で　味わいの　ぜんまい　なめこ／今宵は炉端で　なじみと飲もう／

このふるさとは　山菜の　共和国」

山菜共和国看板

共和国独立宣言から40年以上たち、当時を知る人はいなくなり、共和国のその後を語れる人もほとんどいない。旧入広瀬村の北の玄関、大白川駅の前に共和国の大看板が残っていた。「ようこそ食の宝庫　山菜共和国へ　春は山菜　秋はキノコ」。これを教えてくれたのは「大白川」で紹介した「だんだんど〜も」の会員の佐藤英里さん。

佐藤さんは本業のメープルシロップの製造・販売の傍ら、ネット上で只見線情報を発信している。山菜通で、地域の観光情報にも詳しい。新潟側只見線の取材では大変お世話になった。佐藤さんによれば、旧入広瀬村が周辺町村と合併して魚沼市になった2004（平成16）年前後から共和国の衰退が始まっていて、消滅したのかしないのかもわからない状況だという。共和国の事績がわかるのは、大看板以外では山菜会館くらいだという。

山菜会館に行ってみた。かつて共和国の首相官邸と言われ、緑と黄色に塗られた2階建ての建物は、派手な色も褪せずに健在だったが、山菜とは関係のない施設に変わり会議室などに使われていた。

山菜会館は、山菜組合が経営し1階が山菜加工場とお土産店、2階が山菜レストランだった。最盛期には「山菜の佃煮、パック詰め、缶詰などの販売をしていた。近所の主婦が25人も働いたこともある。1984（昭和59）年度の収益は2億2千万円もあった」（NHK関東甲信越小さな旅6味との出会い・1986年4月）という。山菜会館の正面には、共和国が独立した時に建てられた「山菜の賦」という石碑がある。春の喜びと自然の恵みに感謝する言葉が刻まれている。

「山菜の賦」

（前略）まぶしい太陽が、雪の面に輝き始めると、もう春の訪れも間近である。やがて、ひろがっていく黒い土の方々から、山菜達は競ってその姿を現し始める。皆はこの天の恵みに感謝しながら、懸命に追い求める。それは、ただ生きる為の糧というばかりでなく、古くから親しんできた間柄でもあるからである佐藤さんは山菜会館内にあるレストランに、ゴールデンウィークと旧盆の限定だったが蕎麦店を出していた。「評判はよかったのですが、蕎麦打ち職人がもう年だから続けられないというのでやめました」と少し残念そうだった。かつて山菜シーズンには、民宿や旅館の料理には、15種類の山菜料理が並ぶことも珍しくなかった。少し独特の苦みがあるが歯応えのあるミツバアケビの新芽(魚沼地方では木の芽という)のおひたしは、都会では食べられない珍味だと思う。

▼山菜料理を食べるレストラン

佐藤さんに山菜料理を食べるにはどこがいいか聞いた。駅から歩いて10分ほど、国道252号と只見線の間にある古民家レストラン「松風」は、70代の夫婦が4年前から始め、家だけでも見る価値はあるが、新鮮な山菜を使ったフルコース料理がお薦めだという。ご飯や汁物、料理が盛られる食器は、昭和初期の漆器や陶器で食事を楽しくしてくれる。目の前を只見線が通るので、食事をしながら手を振ることもできる。

入広瀬の入り口、国道252号沿いの鏡ヶ池のほとりにある湖上レストラン「鏡ヶ池」では、平日限定の予約制で、ヤマゴボウの葉とふのりを練り込んだ郷土食「ごっぽうそば」がおいしいという。レストランの前にある鏡ヶ池は農業用溜池で、緑深い森に囲まれた静かなたたずまいが旅や日常生活の疲れを癒してくれる。風がないと水面は水鏡になり、逆さに映る周囲の森と守門岳が美しい。

蕎麦も山菜も大好き人間の筆者は、この時は残念ながら食べるチャンスがなかった。

▼「越後ハーブ香園入広瀬」と日帰り温泉施設「寿和温泉」

旅の楽しみは「飲食(酒と郷土食)、名所・旧跡、温泉の3拍子だな」などと考えていたら、佐藤さんが遠慮がちに「入広瀬には山菜以外に何もないのかと言わるのもねえ」と言いながら、薦めてくれたのが「越後ハーブ香園入広瀬」と寿和温泉。

入広瀬駅の北側の丘の上にハーブ園はある。自然豊かな広い敷地にハーブ、ラベンダー、ローズ、ロックの4つのガーデンがあり、季節ごとにさまざまなハーブや花々を楽しめる。展望台からは破間川の渓谷と只見線も展望できる。佐藤さんは「過疎地なので夜は暗いからきれいな星空を楽しんでほしい」という。

寿和温泉は入広瀬駅から歩いて15分ほど、破間川を渡ったところにある。魚沼市の日帰り温泉施設で、2023(令和5)年度に旧露天風呂棟をリニューアルしたばかり。室内浴場、サウナ室、多目的トイレを増設し、バリアフリーでコンパクトな施設になり、利用者から使いやすいと好評だ。泉質はナトリウム・カルシウム―硫酸塩・塩化物温泉(中性低張性温泉)で、泉温は37℃とぬるめで、その分ゆっくり入浴できる。効能も多岐にわたる。寝湯、泡浴、圧注浴なども楽しめる。温水プールもある。只見町の友人は「寝湯にゆったりつかるのがストレス解消にいちばん」とよく来るそうだ。

33

上条（かみじょう）

高床式3階建て民家が目立つ豪雪地帯

会津若松から118・7㎞　所在地：魚沼市渋川
開業年月日：1951（昭和26）年10月1日、仮乗降場として開設　開業時から無人

のどかな里山風景の中に上条駅はある。只見方面から来ると、この辺りから魚沼地方特有の高床式3階建ての民家が目立ってきて、只見線が新潟県側に入ったことを実感する。

駅近くに住む穴沢光雄さんが豪雪地帯の冬の苦労を語ってくれた。穴沢さんは上条駅から5㎞ほど離れた高倉地区で生まれ育った。中学生になると自転車で上条中学校まで通った。冬は5㎞の雪道を歩いた。当時は除雪されない道が多かったので、道の両側の家の屋根に積もった雪は道に捨てられた。

積もった雪の高さは電線と変わらない高さになり「電線を潜ろうか、跨ごうか迷うこともあった」（穴沢さん）。電線は被覆されていたが危険なことにかわりはない。当然、痛ましい事故もあった。運悪く電線に触れて感電し、両手を失った人の話が伝わっている。それでも穴沢さんはそんな危険な雪道でもつらいと思ったことは一度もないという。只見線の蒸気機関車の汽笛や蒸気を吐き出す音を聞くと、蒸気機関車に励まされているようで元気が出たという。

▼全国唯一の「みその神」

高倉地区の入り口に「みその神」と彫られた小さな石碑がある。魚沼史跡研究会の会員・穴沢邦男さん

たちがいつ、だれがどんな目的で作ったかを調べたがわからなかった。だが、味噌の神と名の付く神社や祠はここ以外にないことはわかった。ここにお参りに来るのは地元の人かとばかり思っていたら、時々遠くから味噌製造会社の役員や料理人が「味噌を作っているから」「味噌を使っているから」と言ってお参りにやってくる。地元の人にはわからない御利益があるのかもしれない。

石碑は以前、集落のおばあさんが一人で手入れをしていたが、おばあさんが亡くなってからは荒れ放題になっていた。いまは史跡研究会の人たちが定期的に手入れしている。

▼桜の名所

上条駅から歩いて5分も行かないところ、破間川左岸に東北電力上条発電所がある。周辺住民から桜の名所として親しまれている。1927（昭和2）年2月竣工というからもうすぐ築100年になる。発電所の建屋は学校の体育館のような建物で、白壁にワインレッドの屋根の組み合わせが美しい。水を運んでくる鉄管2本が二段階式になっているのもいい。建屋の前、破間川の土手には桜が植えられている。満開の桜は発電所の建物を背景に映える。撮り鉄はここを撮影することはない。せめて絵心のある人にはこの美しい風景を描いてほしい。

上条駅のホームには花壇があり、芝桜が植えられている。線路の法面約100mも芝桜が植えられている。ホームの芝桜は、環境美化活動などをしている地元の地域コミュニティ協議会の人たちが世話をしている。手入れが行き届いていて、筆者が訪れた時は芝桜が満開だった。

花壇の世話活動に参加している佐藤勝永さん（74歳）によると、花壇づくりは10年ほど前から始まったそうだ。「昔はホームにあふれるほど人がいたが、今では上条駅で乗り降りする人は少ない。それでは寂しいのでせめて花で駅を明るくしよう」（佐藤さん）とプランターの花から始めた。活動に参加している人たちは仕事を持っているので、プランターだと草花の植え替えや水やりなど管理が大変で、ちょっと油断すると草花が枯れてしまう。そこで数年前から芝桜を植えることにした。

満開の芝桜は地元の人たちと只見線に乗っている人たちからも好評だ。大白川方面右側の法面の芝桜は、ホームの芝桜に倣って上条駅をもっと美しくしようと２０２３年、老人クラブの人たちが植えたものだ。法面側の芝桜がもっと増えたら、芝桜が満開の上条駅は新しい撮影スポットになるかもしれない。佐藤さんは「只見線に乗っている人が上条駅で乗り降りしてくれなくてもいい。芝桜を見ながら只見線を楽しんでほしい」と話す。

撮り鉄のみなさんに知られざる撮影ポイントを教えよう。実は、この場所は「だんだど〜も」の佐藤英里さんから教えてもらったのだが、列車が上条駅を出て大白川方面に進むとすぐ左側にヤマナシの高木２本と八重桜２本、ヤマザクラ１本が見えてくる。国道２５２号から只見線を見ると、ヤマナシの木と八重桜の木の間を列車が通るのが見える。真っ白なヤマナシの花とピンクの八重桜の花の間を通る列車を撮れるのは一瞬だが、ここは撮り鉄の腕の見せ所だろう。

▼雪の上を散策しながら満開の桜と新緑のブナを楽しめる福山峠

桜と言えば、絶対に見逃せない絶景ポイントがある。上条駅から車で20分ほどのところにある福山峠の雪上桜だ。標高約４００ｍの峠は4月になっても大量の雪が残り、真っ白な雪の上に満開のソメイヨシノやオオヤマザクラを見ることができる。新緑のブナも見られる。桜の木は約１５０本もある。銀世界の雪景色の中で雪の上を散策しながら、満開の桜と新緑のブナを楽しむことができる。散策コースには池もあって、風がないときは雪と満開の桜が逆さになって水面に映る。こんなところは雪国・新潟県でも珍しい。2024年は4月13、14の2日間、初めて雪上桜まつりが開かれた。

ここは魚沼市の「福山峠のふるさと広場」になっていて、キャンプ場もある。ソロキャンパーから家族、団体、車やバイクで来る人など幅広い層が利用でき、施設も整っていて人気がある。

▼古くからの名湯「やすらぎの里 すもん温泉白石荘」

上条駅から徒歩で20分ほど、破間川の支流・西川の上流には「やすらぎの里 すもん温泉白石荘」（魚沼市守門高齢者センター）がある。古くからの名湯として知られ、泉質は炭酸水素塩泉で、入ると肌がすべすべすると好評だ。魚沼市の老人福祉施設だが、日帰り入浴も可能だ。守門岳登山の帰りに入浴する人も多い。この施設はかつてここにあったSLランドの一部である。

SLランドには、9600形蒸気機関車とオロネ10型寝台車2輌による、SLホテルが1977（昭和52）年から97（平成9）年まで営業していたが、いまは撤去されてない。このSLは貨物列車牽引用の蒸気機関車で、四国を除く全国で長く活躍した。国鉄時代に最後まで稼働した蒸気機関車の一つで、キューロク、クンロク、山親爺の愛称で人気があった。消滅は鉄道ファンにとって残念なことだ。

34

越後須原（えちごすはら）

豪農の居宅「目黒邸」を中心とした観光資源

会津若松から123・1㎞　所在地：魚沼市須原
開業年月日：1942（昭和17）年11月1日　無人駅化：2010（平成22）年4月1日

▼自然豊かな奥只見レクリエーション都市公園

春はギフチョウが舞い、夏はホタルが飛び交う自然豊かな公園が駅のすぐ近くにある。公園は、1992（平成4）年に開園した奥只見レクリエーション都市公園（須原公園）で、只見線を利用しなくても立ち寄りたいところだ。関越自動車道小出ICから20分というアクセスの良さに、150台を収容できる駐車場もある。只見線を利用するなら、小出発13：12の列車で来れば21分で着く。

須原公園は3つのエリアからなっている。歴史と昔の暮らしに触れる目黒邸とその資料館、そして交流促進センター（ふれあいの家）である。

▼近世村役人層の典型的な住宅「目黒邸」

駅前の緩やかな坂道の突き当りに国指定重要文化財の目黒邸がある。歩いて3分とかからない。1797（寛政9）年に建てられた目黒邸は、割元庄屋（大庄屋職）の役宅をかねた豪農住宅だ。豪雪地帯の農家の特徴を備えた、近世村役人層の典型的な住宅として貴重な文化遺産だ。六十里越道路（旧会津街道）に沿って築かれた石垣に冠木門のある屋敷構えは、位の高い武士の館を思わせる。１９９５（平成７）年公開の映画『藏』（宮尾登美子原作、浅野ゆう子主演）と２００９（平成21）年放送のＮＨＫ大河ドラマ『天地人』の最終回のロケ地になったことでも知られる。

目黒家は会津の戦国大名の葦名氏に仕え、葦名氏が１５８９（天正17）年伊達政宗との合戦に敗れたのち、この地で帰農したと伝えられる。江戸時代、魚沼地方は天領や諸大名の領地となったが、目黒家は江戸時代を通して肝煎役や大庄屋職を勤めてきた。明治以降は、当主が国会開設運動や政党結成など政治活動でも活躍し、２人の衆議院議員を輩出、この地方の発展に重要な役割を果たし、只見線敷設の運動にも関わった。

目黒邸

目黒邸は約５haの広大な須原公園の一部だが、宅地だけでも約４５００㎡（約１３６３坪）、主屋約５１０㎡（約１５５坪）もある。主屋と隣接する建物や庭を散策するだけでもその素晴らしさが満喫できる。目黒邸は、創建当時のままの姿を留めていると言われる。主屋は、茅葺の寄棟造で桁行16間（約29ｍ）、梁間６間（約11ｍ）もある。正面の表中門は入母屋造で、懸魚のつく千鳥破風の屋根は威厳がある。村役人層の役宅をかねた豪農住宅を見るのは目黒邸が初めてではないが、入母屋造の屋根と千鳥破風が茅葺きというのは見たことがない。茅でできた巨大な三角形が母屋の屋根の中央から突き出ている形だが、違和感がないのが不思議だ。

隣接する銅板葺、寄棟造の建物は、目黒家最盛期の1901（明治34）年に建てられたという「橡亭」だ。離れ座敷で茶室、大床、書道院などを備えている。この茶室から見える中庭は、江戸時代後期の築庭とされる池泉回遊式庭園で、静かで落ち着いた風情を醸し出している。3mを超す豪雪に耐えて来た建物の柱や梁の構造は、実際に中に入って見るのがいちばんいい。囲炉裏では365日火を絶やさない。薪の煙に含まれているタールが柱や梁、茅葺き屋根に浸透し、防虫、防湿の効果を高めるからだ。広い邸内には中蔵、新蔵が現存し、庭内を巡る石橋、石段などの石造物も見ごたえがある。

庭内の散策の後は、資料館にも行ってみたい。目黒家に伝えられてきた古文書や大庄屋の諸道具、生活用具、目黒家がこの地方の発展に果たしてきた役割がわかる資料などが展示されている。

見どころ満載の目黒邸だが、1年間に見学に訪れる人は1万人そこそこ。これでは宝の持ち腐れではないか。ただ見学するだけでなく、囲炉裏の周りで休憩し、茶室でお茶を飲みながら中庭をながめるなどができれば、目黒邸の魅力が増すのではないか。

目黒邸から車で5分ほどのところにある佐藤家住宅も見逃せない。1738（元文3）年に建てられた曲がり家の農家で、主屋の隅から中門と呼ばれる突出部が付く中門造りの初期の特徴を残す貴重な建物で、構造や間取りは豪雪地帯を生き抜く生活の知恵が詰まっている。建築年代と地域の特性が評価され1977（昭和52）年1月、国の重要文化財の指定を受け、79年解体修理を行ない、建築当初の姿に復元された。

▼藁細工、蕎麦打ち、草木染め、紙漉きが体験できる交流促進センター

交流促進センター（ふれあいの家）は、この地域に伝わる藁細工、蕎麦打ち、草木染め、紙漉きが体験

できる。自然を感じるエリアには山野草を中心とする植物園とホタルが生息する川、水田などがある。ホタルはゲンジボタルとヘイケボタルの両方が見られる。

子どもがのびのび遊べるエリアは、屋内と屋外に設置された各種遊具が充実していて、小さい子どもから大きな子どもまで楽しめる。広場にはサッカーゴールやバーベキューができる設備もある。

公園に隣接して沿線では唯一の須原スキー場がある。初級者向けから上級者向けまで各種コースとセンターハウスなど食事や休憩施設も整っている。山頂からは越後三山や守門岳、浅草岳などの山並みが展望できる。山頂には予約制の天体観測施設「魚沼市自然科学館 星の家」がある。

▼ユニークな私設図書館「絵本の家ゆきぼうし」

須原公園の近くには、他に行ってみたいところが2カ所ある。まず、ボランティアが運営する絵本を中心としたユニークな私設図書館「絵本の家ゆきぼうし」だ。1995(平成7)年8月から「自然と子どもと絵本」をテーマに、子どもに自然と絵本に親しんでもらう活動を行なっている。9700冊を超える蔵書には、日本や外国の作家の絵本、自然や童話、児童文学、幼児・小中学生向け、大人向けの本まで幅広く、紙芝居などもある。ここに来ればだれでも自由に本を読んだり借りたりできる。

絵本の家の裏には関係者たちが「フーのきの森」(朴の木の森)と呼ぶ自然豊かな森があり、子どもたちは草木や花に触れ、野鳥や小動物、昆虫などに出会うことができる。子どもたちは、自然と絵本の両方の世界を自由に行き来することでそれぞれの感性を豊かに育むわけだ。

▼雪中貯蔵庫(雪室)がある玉川酒造

豪雪地帯の雪を逆手にとって、雪を特殊な断熱シートで覆い、その中で日本酒を保存・熟成する雪中貯蔵庫(雪室)で有名な玉川酒造だ。貯蔵庫内は温度が2~3度に保たれており、年中雪の中を体感できるのは全国でここだけ。温度が一定し、湿度が高く、振動が少ないのが、日本酒を美味しく熟成させる秘密だという。

1990(平成2)年に開設した造り蔵や土蔵などを見学コースとする観光施設「酒蔵見学越後ゆきくら館」は、2005(平成17)年には来場者100万人を、2012年には150万人を達成するなどこの地域にとって欠かせない観光コースになっている。23年の入場者は約1万5000人で、コロナ禍前の水準には戻っていないが、24年の入場者は前年を上回るペースで増えていて、コロナ禍前の水準まで回復しそうだという。

国道252号沿いにある「そば処よしみや」は蕎麦と和食のメニューが豊富でいつも多くの客でにぎわっている。二階では食事をしながら、窓の下を通る只見線の列車を見ることができるので、撮り鉄たちの溜まり場にもなっている。

▼駅舎を地域の情報発信と交流のための施設へ

目黒邸の隣で民宿「浦新」を営む横山正樹さん(74歳)は、「だんだんど~も」の2代目会長(現在は事務局長)として8年間、只見線の魅力のPR、沿線の観光情報の発信や交流人口の拡大などのために尽力してきた。横山さんは、目黒邸を中心とした観光資源を有機的に結合すれば地域全体の集客力がアップ

豪雪地の線路を守る（撮影：星野正昭）

すると考えている。

その要となるのが越後須原駅の駅舎だ。「これが無人駅？」越後須原駅を見た時の第一印象だ。駅舎は１９７７（昭和52）年２月に改築した鉄筋コンクリート造りの平屋建てで、なかなか洒落た建物だ。なだらかな三角屋根に壁は濃い目のワインレッド、そこに白い線が14本、水平に等間隔で引かれている。寺の格式の高さを表す「筋塀」の定規筋のようだ。駅事務室と待合室、トイレも設置されている。待合室には出札窓口も残っており、造られた当時の駅舎がタイムスリップして、突然目の前に現れたような感じがする。駅は簡易委託駅を経て２０１０（平成22）年４月に無人駅になった。

横山さんは「地域の振興には只見線の利用活用や住民運動だけでは限界がある。行政を動かさなければならない」と考え、越後須原駅の駅舎の有効活用の研究に余念がない。参考にしているのが、会津側の会津柳津駅のケースだ。会津柳津駅は長い間無人駅だったが、柳津町がＪＲから駅舎を無償で譲り受けて改修・整備を進め、「情報発信交流施設」としてこの２０２４年４月にリニューアルオープンした。

横山さんは、会津柳津駅のケースと同じように、駅舎を観光案内の窓口やカフェなどを備えた地域の情報発信と交流のための施設として再生したい考えだ。できれば会津川口駅のように、乗車券などの簡易販売業務をＪＲ東日本から受託し、切符販売窓口も設置したい、としている。

横山さんは只見線全通、再開通にかけた魚沼地方の人たちの思いが詰まった文書類、写真、ポスター、幟旗や手団扇などさまざまな関連グッズを段ボール箱数個分に整理して保管している。筆者はこれらの貴重な資料の散逸を防ぎ、只見線と地域振興のためのデータとして残してほしいと思う。駅舎内に展示スペースを設け、入広瀬駅雪国会館の只見線に関する資料、佐藤道博さんの鉄道全般についての資料と合わせ、資料館として活用できればいいのではないか。

35

魚沼田中（うおぬまたなか）

私設鉄道博物館と神湯温泉

会津若松から127・0㎞　所在地：魚沼市田中
開業年月日：1951（昭和26）年10月1日　開業時から無人

▼なぜ「魚沼」なのか

魚沼田中駅。この駅には思い出がある。只見線が全線再開通になった2022年10月、再開通ブームも収まっただろうと孫娘と友人の3人で10月25日、会津若松13時5分発の小出行きに乗った。列車の入線前から並んだおかげで座れたが、車内は発車する前から満員で、通路に人が立ち反対側の風景は見えない。会津宮下駅で70～80歳代の女性が乗り込んできた。座る席はない。聞けば新潟県側の魚沼田中まで行くという。旅行客ではなさそうだった。嫁ぎ先から実家に帰ったのか、あるいはその逆だったかもしれない。魚沼田中までは会津川口での31分の停車時間を入れて3時間2分かかる。そんな長い時間、高齢の女性を立ちっ放しにさせるわけにはいかない。筆者が立って席を譲った。暗くなりかけた魚沼田中で女性は降り、迷うことなくすたすた歩きだした。この辺りに住んでいるのだろう。

全国の鉄道駅名には、武蔵や信濃など旧国名を冠したものが多い。その中で新潟県の旧国名「越後」を冠した駅名が全国でいちばん多い。魚沼田中の魚沼は地域名で、どうして越後田中にしなかったのかと思い、調べてみて合点がいった。飯山線（長野県長野市の豊野駅－新潟県長岡市川口町の越後川口駅）に越後田中駅があった。所在地は新潟県中魚沼郡津南町上郷上田で、1927（昭和2）年8月1日に有人駅で開業、現在は無人駅である。魚沼田中駅の開業は20年以上も遅いので、駅名には魚沼を冠するしかなかったわけだ。

佐藤道博さん（左）と仲間たち

新潟県側の只見線は、変化する沿線風景の縮図と言ってもいい。小出―大白川間はわずか26㎞、所要時間44分に過ぎないが、田園、里山、渓谷の風景が連続して展開する。魚沼田中駅のホームから大白川のほうを見ると、まっすぐの線路が伸びている。小出―大白川間では最長の直線区間（約2㎞）だ。はるか先で20パーミルの上り勾配になっているのがわかる。ここから先は只見線の両側に里山風景が広がる。

▼私設鉄道博物館

駅のある田中集落には、鉄道と只見線のファンの間では有名な佐藤道博さんが住んでいる。鉄道雑誌などに執筆することが多く、佐藤さんの鉄道に関する知識と情報の正確さには定評がある。自宅は駅近くの国道252号沿いにある。佐藤家はこの辺りでは旧家として知られており、総二階建ての母屋に石組の立派な庭と蔵もある。南向きの玄関わきには、表札代わりに高さ1m50㎝ほどの鉄道用の転轍式信号が立っている。

自宅の中は鉄道に関するグッズ、書籍、資料などで文字通り足の踏み場もない。「だんだんど〜も」の人たちは、半ば呆れながら親しみを込めて〝ゴミ屋敷〟と呼んでいるが、私設鉄道博物館と言っていい量と質を誇る。一般公開はしていない。佐藤さんが見せていいと思った人だけが2階の聖域に入るのを許される。

ジオラマとまではいかないが、部屋には80分の1の鉄道模型のレールが部屋いっぱいに敷かれている。佐藤さんは「ジオラマと言うには博物館級にしないとダメ」と笑う。棚やサイドボード（サボ）には、さまざまな車両の模型や鉄道機器、列車の行く先を示すサボ、鉄道雑誌、時刻表、佐藤さんが撮りためた只見線の写真のアルバムなどがところ狭しと並んでいる。

大型のディスプレイでは、佐藤さんが8ミリカメラで撮影した只見線や鉄道車両の動画やビデオも見られる。何がどこにあるのかを本人は知っているのだろうか。鉄道機器やサボ、写真や映像には史料価値の高いものや超レアなものが多い。不謹慎だが、佐藤さんが病気になったりケガをしたり、突然亡くなったりしたらこの膨大な収集品はどうなるのか心配になる。本人は「個人の趣味だから」と先のことをあまり気にしていない様子だが、収集品の散逸を防ぐには佐藤さんと「だんだんど〜も」の人たちでNPO法人を立ち上げ、クラウドファンディングで資金を集め、佐藤さんの自宅を丸ごと資料館か博物館にして、鉄道ファンに利用してもらうのがいいかもしれない。

佐藤さんとの只見線と鉄道の談義は、気がつけば3時間を超えていた。佐藤さんは自分の収集品や知識をひけらかすことなく、筆者の質問には穏やかにかつ丁寧に答えてくれた。会津側只見線に関しても深い関心と知識を示し、筆者の知らないこともいくつか指摘してくれた。

▼宿泊施設「神湯温泉倶楽部」

取材の後、まだ温泉に入れるというので神湯温泉倶楽部に向かった。魚沼田中駅から徒歩なら20分ほど、車なら10分もかからないところだ。「だんだんど〜も」の人たちは、1年間いつでも入浴できるパス（5万円）を持っていて、ほとんど毎日入りに行く。入るときに入湯税100円を払うだけでいい。この辺りでは唯一ホテルらしい宿泊施設で人気が高い。只見線を利用してきた人には宿泊料金が10％割引になる特典がある。魚沼市内からなら無料の送迎バスに乗れるほか、小出駅と魚沼田中駅からの無料送迎もある。

残念ながら筆者は満室のため宿泊できなかったが、日帰り入浴はできた。泉質は弱アルカリ性単純泉で、入ると肌がすべすべして温まりやすく冷めにくい。倶楽部の建物に隣接してオートキャンプ場がある。1万3500㎡の広い敷地にキャンプサイトがあり、トイレ、シャワー、洗い場が設置されている。倶楽部とキャンプサイトの連絡通路では只見線の写真展なども開かれる。

36

越後広瀬（えちごひろせ）

映画『男はつらいよ 奮闘編』のロケ地

会津若松から129・5㎞ 所在地：魚沼市並柳
開業年月日：1942（昭和17）年11月1日 無人駅化：1971（昭和46）年8月29日

1971（昭和46）年4月に封切られた、映画『男はつらいよ 奮闘編』の冒頭シーンのロケ地になった駅で知られる。集団就職列車を見送るわずか数分のシーンで、ロケは同年3月に行なわれた。木造の待合室で寅さん役の渥美清がダルマストーブを囲み、集団就職に旅立つ男の子と女の子、女の子のおばあさんに話しかける。女の子の就職先はおもちゃ工場だった。寅さんが見送った蒸気機関車の牽引する旅客列車は、実際に運行していたものだ。

駅舎のホーム側出入り口の屋根の庇の下に、大きな板に濃い青地に白いペンキで漢字、平仮名、アルファベットで越後広瀬駅の駅名が書かれていた。この駅名表示板は、当時の駅長が映画の中で駅名がわかるようにと、東宝に作ってもらったものだ。その後あの表示板はどうなったのだろう。

ロケでは見物人が押し寄せるのを警戒して、関係者やエキストラにはロケがあることをしゃべらないようにと、厳重な箝口令が敷かれたという。このロケの撮影監督は、山田洋次監督と「男はつらいよシリーズ」でコンビを組んだ故高羽哲夫だった。高羽は会津の湯川村出身で、会津と魚沼地方の縁を感じさせる。

新潟県の中学卒業者の就職率は、統計のある1955（昭和30）年から50％台で推移していたが、その割合は年々低下し61年に初めて50％を割り込んだ。新潟県からの集団就職列車第1号は65年3月23日上野駅に着いた。26日まで3900人が集団就職列車で上京した（新潟市医師会100周年記念サイトによる）。井沢八郎の「あゝ上野駅」がヒットしたのが64年だから、新潟県での集団就職列車の運行が開始された時期は、集団就職の最盛期に当たる。

ロケが行なわれた年の新潟県中卒者の就職率は20・2％で、集団就職列車の運行はすでに終了していたと思うが、集団就職列車がいつ終了したのか、乗車した延べ人数などの記録は残っていない。魚沼市周辺の中卒者が集団就職列車に乗った駅は小出駅だった。「だんだど～も」の横山正樹事務局長は当時を振り返る。「3月25日か26日だったと思う。友達を見送りに小出駅まで行った。見送りに行くのは普通のことで、特に感傷的になることはなかった」。

75年3月24日、盛岡発の集団就職列車が上野駅に到着した。これが全国で最後の集団就職列車となった。

▼只見線に手を振る名物おばあさん

越後広瀬駅とその周辺には、只見線に愛情を注ぐ2人の有名人がいる。ひとりは越後広瀬駅と魚沼田中駅のほぼ中間、新潟県道70号に面した民家の脇で、只見線の列車が通るたびに手を振るおばあさんだ。おばあさんの名前は「只見セン」。以前は藪神駅前で手を振っていたそうだ。名前からニックネームか会津側の只見出身の人かと想像した。撮り鉄や鉄道ファンで知らない者はいないくらい有名だ。農家の人らしく年齢は80歳台で、手ぬぐいの姉さんかぶりに絣のモンペを履いたいでたちで、手元を見るときだけ鼻眼鏡をかける。

センさんが藪神駅前で手を振り始めたのは、2016（平成28）年9月からだ。1日上下10本の列車が通るたびに手を振るので、早朝と夜も立っていたわけだ。

只見センさん

センさんが藪神駅前から姿が見えなくなったのは24年の4月から。周りの人たちは「病気でもしたのかな。いい歳だし、無理をしないで1日でも長く手を振っていてほしい」と気遣う。「だんだんど〜も」の青木進会長に様子を訪ねたら「元気だよ。どこも悪いところはない。私の代わりに手を振ってくれている。会えるけど『おばあさん』と言うと怒られるよ」と笑う。

センさんがいる民家に行って驚いた。民家は青木会長の自宅で、家の脇に立つセンさんは2mもある電動ロボットだった。作ったのは青木会長で、今のセンさんは2号機。構想2カ月、得意の日曜大工の腕を振るい、製作開始から3カ月の16年8月末に完成した。製作費用は20万円ほどだった。1号機の電源をソーラー発電にしたため、天候によって発電量が異なり、センさんを動かすプログラムがうまく作動しないことがあった。1号機をベースにAC電源に切り替えて製作した2号機で、センさんの動きは滑らかになり、人気はさらに高まった。

センさん誕生の経緯はこうだ。新潟・福島豪雨災害により不通となった只見線は、只見駅から大白川駅間が12年10月1日に再開通した。再開通後、青木会長はこれといった目的もなく、列車に乗って只見町まで何度とか往復した。その時に只見町の観光協会の職員たちが揃いの法被を着て、列車に手を振って迎え、見送りする光景が目に入った。

職員に手を振る理由を聞いた。職員の答えはこうだった。「今まで只見線に列車が走っていることは当たり前のように思っていたけど、駅に列車が来ないことを経験して、当たり前ではなくありがたいことだと教えられたのです。だから職員で手を振って迎え、お見送りをしようと決めたのです」。

▼魚沼市と奥会津5町村が「只見線に手をふる条例」を制定

この話を聞いて、あるアイデアが浮かんだ。手を振ることで只見線と乗客には感謝ともてなしの気持ちを表し、只見線への愛着と只見線を地域の大切な財産として残していく自分たちの意思表示にできないか——。幸いなことに、魚沼市と只見町の間では相互交流と観光振興のための「只見線関係情報交換会」がある。魚沼市と只見町の両自治体とそれぞれの観光協会でつくる会で、県境を越えて輪番で開いている。青木会長は情報交換会や「だんだんど〜も」の会議などで「只見線に手をふる条例」の制定を提案、会津側の自治体にも呼び掛けた。

会津側は奥会津5町村（柳津町、三島町、金山町、只見町、昭和村）でつくる「奥会津5町村活性化協議会」があり、条例制定の話は順調に進んだ。そして２０１５（平成27）年3月、魚沼市と奥会津5町村がほぼ同時に「只見線に手をふる条例」を制定した。只見線沿線ではもともと沿線住民が列車に手を振る

只見線に手を振る藪神商工会女性部の人たち（撮影：星野正昭）

行為は見られたが、条例制定後はさらに定着した。いまでは農作業をしている人、登下校途中の児童・生徒、散歩をしている人など例外なく手を振る姿が普通に見られるようになった。

センさんが青木会長の自宅脇に移ってきたのは、青木会長が広神商工会の事務局長を２０２２年３月で退任したことによる。商工会の建物は藪神駅のすぐ目の前にあり、青木会長は事務局長在任中にセンさんの世話をしていた。事務局長を辞めた後、青木会長はセンさんに自宅脇に移ってもらった。自宅は只見線から少し離れているので、センさんが目立つように工夫した。暗くなって只見線の最終列車が自宅前を通り過ぎるまで、センさんの体は青色ＬＥＤの豆電球で縁取られる。「白熱電球じゃないから熱くは感じない。只見線のためにセンばあさんにはもっと頑張ってもらいたい」と青木会長。暗くなって只見線に乗った人は、越後広瀬駅と魚沼田中駅の間で、青色ＬＥＤライトに縁どられたセンおばあさんを見つけてもらいたい。

▼滋養強壮の薬酒「あんにんご酒」作りの名人

もうひとりの有名人は、駅から徒歩ゼロ分のところにある衣料品店「かしわや」の主人・関矢良憲さん（72歳）。近所の子どもたちに獅子舞や昔の遊びを教えて好かれている。只見線に対する思い入れは人一倍強い。店の前の道路には、関矢さん手作りのつなぎの服を着た等身大の人形が、駅で乗り降りする人たちや只見線の乗客たちに愛嬌を振りまいている。

２０２２年、只見線全線再開通の日に、関矢さんは駅のホームで獅子舞を披露しようと待機していた。しかし、福島県側での事故の影響で来るはずの列車は、いくら待っても来ない。それでも関矢さんは獅子舞の扮装で上り方面をじっと睨んで仁王立ちし、列車が来るのを待ち続けていた。その姿は今でも周辺住民の間で語り草になっている。

関矢さんは「秋になると紅葉目当ての人たちで只見線の車内はいっぱいになる。越後広瀬駅を通過する時に喜んでもらえる何かをしたい」と、何やら秘策を練っている様子だ。

関矢さんはまた、魚沼地方で昔から作られている「あんにんご酒」作りの名人でもある。ウワミズザクラの実を焼酎に漬けて作るのだが、杏仁豆腐の匂いがする不思議な薬酒だ。

滋養強壮に効き目があると言われる。山に入ってウワミズザクラの実を集めるのが大変で、あんにんご酒を造る人は少なくなった。そんな貴重なあんにんご酒を、関矢さんは自分では飲まずにすべて人にあげてしまう。あんにんご酒の瓶には、白い和紙のラベルに関矢さんの達筆な書で「魚沼物語 あんにんご酒 越後魚沼 里山の恵み」と書かれ、落款まで押されてある優れものだ。筆者も１本いただいて少しずつ飲んでいる。

夕陽に染まる越後三山（撮影：星野正昭）

37

藪神（やぶかみ）

魚沼産コシヒカリの田園を行く

会津若松から131・6㎞　所在地：魚沼市今泉　開業：1951（昭和26）年3月1日仮乗降場として開設、同年10月1日から駅に改められる　開業時から無人

小出駅を出た只見線の列車は、ホームを外れるとすぐに右へ大きくカーブし、魚野川の鉄橋を渡り関越自動車道の下を通り抜けると、広々とした魚沼盆地の水田地帯に入って行く。水田ではブランド米・魚沼コシヒカリの生産が行なわれている。

車窓右側に水田が広がり、その奥に越後三山、右から八海山（1778m）、中ノ岳（2085m）、越後駒ケ岳（2003m）がどっしりとした山容を見せる。この辺りの人たちは、三山の頭文字を取り、親しみを込めて「ハナコ」と呼ぶ。水田の広がりと、高くも低くもない越後三山と広い青空の組み合わせがよく、まるで遠近法による絵画を見ているようだ。春は水を張った水田に三山が映り、秋は黄金色に染まった水田が只見線の旅を楽しくしてくれる。

▼冬にしか見られない絶景「雪えくぼ」

冬もこの辺りでしか見られない絶景が出現する。気温が上がる2月下旬から3月上旬、水田の雪面に無数の凹みが現れる。「雪えくぼ」と呼ばれる豪雪地帯特有の自然現象で、硬く締まった雪の上に新雪が積もり、そこに雨が降ることで独特の風景が生まれる。雪えくぼは、魚沼地方に春の訪れが近いことを知ら

夕陽に輝く雪えくぼ(撮影：星野正昭)

せる風物詩だ。

雪が硬く締まっているので、大人が雪の上で走ってもぬからない。昔から「凍み渡り」と言って、子どもたちにとっては通学時の絶好の近道になる。田畑の上の雪だけでなく、山の雪もかなりの斜面でもぬからずに上れる。見渡す限り銀世界の雪原はこの季節、どこもかしこも子どもたちの遊び場・運動場と化す。

のどかな田園地帯を走る只見線の列車は、藪神駅まで左側は国道252号と破間川と並行して進む。252号は北越戊辰戦争の小出島の戦いで敗れた会津藩兵が、会津めざして撤退して行った道だ。ほどなくして藪神駅が近づいてくる。木造の小さな待合室の前に、一株だが大きなアジサイがある。駅のシンボルで、花が咲くと撮り鉄たちの絶好の被写体になる。

▼只見線と沿線住民の交流風景を撮る郷土写真家

藪神駅から徒歩5分の所に住んでいる星野正昭さんは只見線の写真を撮り続けている郷土写真家だ。写真は若い時から撮っていて、本格的に撮り出したのは仕事も一段落した60代半ばからだそうだ。「撮り鉄」と言えるほどではなかったそうで、乗り物好きでカメラをぶら下げては鉄道、飛行機、船などを撮影する旅行をよくしたという。

のどかな線藪神駅(撮影：星野正昭)

「只見線を撮り始めて約10年になるが、私は芸術的な写真は苦手で美しいと思った風景、そして沿線の人々の日常生活などを中心に撮っている」と謙遜するが、星野さんが撮った只見線の写真は高く評価されている。神湯温泉倶楽部(最寄り駅は魚沼田中駅)のギャラリーで開いた「普段着の只見線」と「普段着の魚沼」の2回の写真展では、地元の人たちから「自分たちの住んでいるところが、こんなにも美しく価値があることを改めて実感した」と評価されている。星野さんはまた、只見線の撮影ポイントを熟知していることでも知られている。

星野さんにとって只見線は、子どものころから生活の一部で、運行本数が少ないので時計代わりでもあった。外で遊んでいても「汽車が来たから帰るぞ!」が遊びの終わりの合図だった。高校生時代はSLが牽引する5両の客車で通学した。車内は通勤・通学の人たちでいつもぎゅうぎゅう詰めのため、あふれた人たちはデッキに立っていた。この当時、国道はまだ除雪されなかったので只見線が通勤・通学の唯一の足であった。

星野さんは只見線の乗員・乗客と沿線住民たちの交流風景もよく撮影する。魚沼市と会津側5つの自治体は「只見線にみんなで手をふろう条例」を制定していて、沿線住民は子どもから大人まで列車が通るたびに手を振る。特に子どもたちは列車を見ると駆け寄り手を振る。すると車内から乗客も手を振り返し、運転士は短い警笛を鳴らし応える。子どもたちは喜んでまた手を振る。農作業の手を休めて手を振る人、ウオーキング途中で手を振る人など、沿線住民の手を振る光景は只見線に欠かせない風物詩となっている。星野さんは「私も手を振りながらシャッターを押している。四季折々美しく変化する沿線やそこに生活する人々をこれからも撮り続けていきたい」と話す。

▼花壇の花でおもてなし「広神商工会女性部」

駅の開業は1951（昭和26）年と遅く、初めから無人駅だった。駅を出てすぐ右側に広神商工会の建物がある。建物と只見線の線路の間に、歴代女性部長を中心に商工会女性部の人たちが世話をしている花壇がある。

只見線に乗っている人たちに見て楽しんでもらおうと、2018（平成30）年から花の世話が始まった。ホームから見えるように「只見線に手を振ろう 花いっぱい運動 商工会女性部」と書かれた横180㎝、縦60㎝の大きな看板が目立つ。それぞれ畳3枚ほどの広さの3区画の花壇は、赤レンガやコンクリートブロックできれいに仕切られ、春、夏、秋の色とりどりの花々が植えられている。女性部の人たちが毎日交代で水やりや草取りをしているため、花壇は雑草が生える余地がないほど手入れが行き届いている。アジサイやシャクヤクはかなり大きく育ち、只見線の乗客たちから好評を博している。秋には色鮮やかなケイトウの花が彩を添える。

▼雄大な畑とコスモスの花

駅西側にある道光高原は、夏は一本道の両側に緑の野菜畑が広がり、北海道の富良野を思わせる雄大な風景が出現する。秋は約5万㎡という広大な上原コスモス園に約100万本のコスモスが咲く。見ごろは9月上旬から10月中旬で、花の色が赤と白の二重になっているアカツキという珍しい種類のコスモスが人気だ。

名前はコスモス園だが入園は無料。魚沼市に合併する前の旧広神村時代、農地開発の際に遊休地となった区画にコスモスを植えたのが園の始まりだそうだ。園の奥は絶好のビューポイント。遠くに越後三山が望め、眼下には只見線も眺められ、撮り鉄たちの撮影ポイントでもある。

藪神駅を上り方面に出るとすぐ日付川の鉄橋を渡る。その鉄橋の名はなぜか「火付川橋梁」。旧国鉄時代に鉄橋の名前を付けるのに、地元の人に川の名前を聞いてそれを聞いた音のまま文字に置き換えたようだ。それにしても物騒な名前を付けたものだ。名前を付けた人は何も疑問に感じなかったのだろうか。

東北電力藪神発電所を右に見ながら、破間川に架かる第一破間川橋梁を渡り、しばらく行くと越後広瀬駅に着く。

38

小出（こいで）

魚沼市の中心、豪雪地帯特有の雁木の街並み

会津若松から135・2㎞　所在地：魚沼市四日町
開業年月日：1923（大正12）年9月1日

小出駅は魚沼市の中心・小出の市街地から外れた魚野川の対岸にある。拍子抜けするくらい小さな駅だ。市街地の案内板もないので、どこにいるのかがわからない。只見線ホームは、上越線ホームから見ると側線や引き込み線跡を挟んでかなり離れていて、魚野川に並行している。仲間外れにされた子どものような感じで、2両編成の車両が寂しく止まっている。

▼天才彫刻師・石川雲蝶ゆかりの永林寺と西福寺

小出から只見線に乗る人には、乗車前にぜひ行ってほしい所が3カ所ある。ひとつは魚野川と破間川の合流点に架かる只見線の魚野川橋梁の下流にある河川敷の公園だ。ここからは魚野川橋梁越しに八海山、中ノ岳、越後駒ケ岳の越後三山がきれいに見える。三山に雪が残る季節は絶景だ。撮り鉄の撮影ポイントでもある。

もう2カ所は、幕末に主に新潟県で活躍した天才彫刻師・石川雲蝶（1814〜83年）ゆかりの永林寺と西福寺（開山堂）だ。雲蝶は日本のミケランジェロと称され、木製彫刻だけでなく絵画を含めた作品は千点を超える。作品のほとんどが新潟県の重要文化財に指定されている。素人の印象にすぎないが、雲蝶の

越後三山をバックに魚野川橋梁（撮影：星野正昭）

作品は国の重要文化財に指定されてもおかしくない。幕末の人で歴史的にはそんなに古くないこと、活動がほぼ新潟県内に限定されていることなどが作品の評価や知名度に影響しているのかもしれない。

永林寺は上越線堀之内駅から徒歩20分ほどで行ける。小出駅からはタクシー利用がお薦め。寺が所蔵する雲蝶の欄間や置物の作品群は１００点を超える。製作当時の色が鮮やかに残っている作品もあり、華麗さの中に艶やかさも感じられると人気があり、参詣者が絶えない。写真撮影をできないのが残念。

西福寺の最寄り駅は八色駅だが、歩くには遠すぎるので浦佐駅か小出駅からのタクシー利用が便利だ。この寺は「越後日光開山堂」とも呼ばれるように、寺の彫刻群は日光東照宮の彫刻群に劣らないと評価されている。この寺での一番の見所は「道元禅師猛虎調伏の図」だ。修行中の道元を猛虎から竜神が守るという物語が表現されている。

三間（約5・4ｍ）四方の巨大な吊り天井に、透かし彫りが岩絵の具で彩色されており、色は完成時のままの鮮やかさをとどめている。透かし彫りには多くの生き物が散りばめられていて、それらを確かめるのも楽しい。この寺では日によって作品群の撮影が可能だ。

筆者の筆力では雲蝶の作品群と二つの寺の魅力を紹介するには手に余る。「百聞は一見に如かず」の格言は、雲蝶の作品群と二つの寺を見るためにある。只見線に乗る前（乗った後）に自分の目でぜひ確かめてほしい。

▼小出というまち

小出は、魚野川と支流の破間川・佐梨川の合流点にあり、3本の川に囲われた島のような地形をしていることから、古くから小出島と呼ばれてきた。今でも小出島の住所が残っている。魚沼市は新潟県の南東部、周囲を山々に囲まれた魚沼盆地にある。川口町を除く北魚沼郡の小出町、堀之内町、広神村、守門村、入広瀬村、湯之谷村の5町村が2004（平成16）年11月1日に合併し、魚沼市が誕生した。市役所は旧小出町の市街地にある。

冬季の積雪量が多く、最深積雪の平均値は旧小出町で約2ｍ、旧守門村で約2・5ｍに達し、特別豪雪地帯に指定されている。ちなみに豪雪地帯は豪雪地帯特別措置法により、「積雪がとくに甚だしいため、産業の発展が停滞的で、かつ、住民の生活水準の向上が阻害されている地域」と定義されている。特別豪雪地帯は、「豪雪地帯のうち、積雪の度がとくに高く、かつ、積雪により長期間自動車の交通が途絶する等により住民の生活にいちじるしい支障を生ずる地域」が指定される。魚沼地方では過去に何度も記録的豪雪を経験している。1945（昭和20）年2月25日に小出観測所で最深積雪量440㎝を記録している。

豪雪地帯だが盆地のため夏は暑く、新潟県内で最高気温を観測することも多い。

▼雁木と側溝・流雪溝発祥の地

中心繁華街の本町通りをはじめ商店街は、雪から通路を確保するための雁木が連なっている。雁木は通りに面した家々が庇(ひさし)を長く伸ばし、それを柱で繋いで通路にしたものだ。豪雪地帯ならではの生活の知恵だ。雁木の語源は、渡り鳥の雁(ガン)が斜めのジグザグに並んで飛ぶ形（雁行）に似ているところに由来する。確かに、商店街がカーブしているところの雁木は雁行のように見える。

小出はまた、自然の流水を利用して雪を除排雪するための側溝・流雪溝の発祥の地でもある。家屋が密集している市街地、特に道幅が狭い所では、道の除雪が終わっても屋根に積もった雪の処理もしなければならない。屋根の雪を処理するのに、流雪溝は有効な方法なのだ。流雪溝による除排雪は人力で行なわれる。流雪溝には一定の間隔で雪の投入口があり、人が転落するのを防止するための鋼製十字枠がつけられ、さらに金網の蓋が設置されている。豪雪地帯には雁木と流雪溝が不可欠のインフラなのだ。

▼いまも続く会津藩戦死者の供養

新潟県側の只見線を紹介する場合、小出と会津の関係に触れないわけにはいかない。小出と会津の公式な関係は江戸時代の１７２４（享保９）年、魚沼郡７万石余が会津藩預領になったことに始まる。預領は１８６１（文久元）年、会津領に組み込まれた。会津藩は小出島に陣屋を置いて支配した。

北越戊辰戦争の時、小出島は戦場になった。１８６８（慶応４）年閏４月27日（新暦６月17日）、早朝からの激しい戦いで会津藩兵は13人の戦死者を出し、小出島から撤退した。この戦で小出島では地元民２人が犠牲となり、小出島の全戸数295戸の約45％が焼失したという。家に匿われていた会津藩兵が2人いた。2人ともこれ以上世話になり、小出島の人たちに迷惑をかけたくないと自決した。その1人は辞世を残していた。「筒音に 鳴く音やすめし ほととぎす 会津に告げよ 武士（もののふ）の死」。辞世に「輪形月」との署名があったので、望月武四郎（22歳）とわかった。

戦後、正円寺の大龍和尚は会津藩兵10人の遺体を埋葬、供養している。小出では大龍和尚以外の人たちも会津藩戦死者の遺体を丁寧に埋葬し、墓や慰霊碑、記念碑も立てている。戦死者の7回忌の1874（明治7）年からは、回忌ごとに法要は絶えることなく営なまれてきており、1988（昭和63）年6月12日に行なわれた戊辰戦争百二十周年祭は、記念事業実行委員会が主催し町を挙げて実行された。この時に望月の辞世は歌碑として建立された。

陣屋通りから少し入った路地に小さな広場があり、三つの碑が立っている。右側の高さ1m足らずの石碑は、三国峠の戦いで戦死した白虎隊士・町野久吉（16歳）と小出島での戦死者の計14人の名前が刻まれた「戦死者姓名碑」で、1903（明治36）年6月に建てられた。

町野は白虎隊最初の戦死者である。町野の名前は上段の右端に、望月の名前は下段の3番目にある。中央の高さ約2・6mの大きな碑は「懐旧碑」で、1902（明治35）年9月に建立、会津藩主・松平容保の子で陸奥斗南藩主・容大の篆額（篆書で書いた碑文）が刻まれており、「懐旧碑」の撰文は会津藩士・南摩綱紀による。左側の碑が望月の「輪形月の歌碑」だ。2024年も4月27日にここで慰霊祭が行なわれた。慰霊祭を執り行なったのは、碑の近くにある清水川辺神社の宮司・田中秀隆（63歳）さん。神社関係者や近所の人たち約20人が参列した。

同神社は、懐旧碑が建てられたのとほぼ同じころに建立された。以来、田中家が3代にわたり慰霊祭の宮司を務めてきた。田中さんは「祖父は神社の宮司としてではなく、普通の人間として『ここで亡くなった会津の人たちを供養したい』という気持ちで慰霊祭を始めたと思います。その気持ちを父が、そして私が受け継ぎ、私の子どもや孫も受け継いでいってくれると思います」と話す。毎年8月27日の神社の秋季例大祭でも慰霊祭を行なっており、この時は魚沼市長、商工会長、観光協会長なども出席して盛大な慰霊祭となる。北越戊辰戦争から150年以上も経っているのに、今も変わらず会津藩戦死者の供養を続けている小出の人たちには頭が下がる。

北越戊辰戦争後、会津と小出の関係は会津藩支配時代に比べ疎遠になった。福島県と新潟県境にある六十里越峠が天然の障害となり、会津と魚沼地方を結ぶ国道252号は、今でも冬期間はこの区間だけ通行止めになる。1971（昭和46）年8月、只見－大白川間の開通により只見線が全線開通し、会津と魚沼地方の冬場の交通は確保された。全線開通後、魚沼地方の只見線沿線にある小学校の修学旅行先は会津若松になった。だが、2011年7月の新潟・福島豪雨で只見線が寸断されると、会津への修学旅行は自然消滅のような形で終焉を迎えた。

前述の田中さんは、修学旅行で会津若松に行く小出小学校の児童たちに、小出と会津との関係や小出島の戦いの実相などを課外授業の中で教えたこともある。田中さんは「できれば只見線全線再開通を機に、魚沼市の小学生の修学旅行先として会津若松を復活させたい」と話す。

筆者のお薦め「只見線1泊2日の旅」

会津若松・柳津観光、只見線絶景ポイント、霧幻峡の渡しが楽しめる

1日目（2コースあり）

コース1

東北新幹線　東京駅発6：40「やまびこ203号」（上野発6：46、大宮発7：05）―郡山着8：23

磐越西線　郡山発8：29―会津若松着9：41

只見線に乗り換えるまで会津若松市内観光

只見線　会津若松発13：05―早戸着14：38

コース2

東北新幹線　東京駅発9：40「やまびこ55号」（上野発9：45、大宮発10：05）―郡山着10：58

磐越西線　郡山発11：15―会津若松着12：31

只見線　会津若松発13：05―早戸着14：38

両コースとも霧幻峡の渡し舟に乗船可能、早戸泊（早戸温泉つるの湯）

早戸温泉つるの湯

〒969－7406　福島県大沼郡三島町早戸湯ノ平888

電話0241－52－3324　e-mail：info@okuaizu-tsurunoyu.jp

※湯治が基本だが、水曜日木曜日以外、夕食は旅館内の食事処で食べられる（18時まで）。ただしつるの湯周辺に店は

ないので、朝食は自分で用意する必要がある。早戸駅から徒歩15分。事前に連絡すれば送迎あり。

2日目

早戸発9：00―会津柳津着9：38―駅周辺観光―会津柳津発13：21―会津若松着14：15―市内観光
会津若松発16：20―郡山着17：36・18：06発「やまびこ152号」―（大宮着19：03、上野着19：22）東京着19：28

（時刻表は2024年4月現在）

あとがき

ＪＲ只見線会津若松―小出間1日3往復のダイヤは、２０１１年の豪雨災害前の水準に戻したに過ぎない。日中は1往復だけなので、東京から只見まで明るいうちに行くには、２つのルートしかない。東北新幹線・磐越西線のルートなら会津若松発13：05の小出行に乗る。只見着は16：21になる。上越新幹線・上越線ルートなら小出発13：12の会津若松行きに乗り、只見着は14：25。どちらも始発に乗ろうとすれば前泊しなければならない。

只見で降り会津若松に戻ろうとすれば、只見発18：01の会津若松行きに、小出に戻ろうとすれば20：03発の小出行きに乗るか只見で泊まるしかない。利用者には大変使いにくいダイヤなのだ。

筆者は２０２２年10月25日、孫と東京出発で只見線を終点の小出まで乗り、一筆書きのルートで東京に戻ったことがある。会津若松発13：05の小出行きに乗るため、郡山から磐越西線に乗り会津若松に着いたのは12：31だった。只見線再開通間もない時期で、平日でも座れない可能性が高いと予想し、前泊した友人に只見線ホームで入線前から並んでもらった。おかげで首尾よく3人とも座れたが、磐越西線から単純に乗り継ぐだけでは座れなかった。車内は発車前から首都圏の通勤電車並みの混みようで、反対側の景色は立っている人のせいで全く見えない。この状態は終点の小出まで続いた。

只見線を会津若松から小出まで通しで乗ろうとする人は、乗る時期を選ぶ必要がある。筆者が乗った時期はすでに日は短くなっていた。当日の只見町の日の入りは16：53で、峡谷を走る只見線周辺はすでに薄暗く、新潟県側に入ったときは夜で、新潟県側の景色を楽しむことはできなかった。只見線全線の景色を楽しみたいなら日の長い時期に乗るに限る。

只見線の取材は予想していた以上に大変だった。36駅すべてで乗り降りして取材するのが理想だが、1日3往復しかないダイヤを使っての取材では1年かけても取材は終わらない。

車を使っての取材となったが、廃止駅の田子倉と柿ノ木を除いて、すべての駅のホームに立つことができた。筆者は取材を始める前に運転免許証を自主返納していたため、自分で車を運転できず、福島・新潟両県の協力者のみなさんの運転で何とか取材を終えることができた。

特に、星賢孝さんと星野正昭さんには貴重な写真を提供していただき、感謝に堪えません。

原稿を書くに当たっては、多くの人たちからアドバイスを受け、資料の提供や事実確認などでも協力をいただいた。お世話になったすべての人の名前を掲載できないことをお詫びしたい。

最後に、生来の遅筆で原稿の提出が大幅に遅れたにもかかわらず、最後まで原稿の完成に叱咤激励していただいた言視舎社長の杉山尚次さんに感謝申し上げる。

取材に協力していただいた方々

福島県側（敬称略）

星　賢孝　奥会津郷土写真家

酒井　治子　只見線地域コーディネーター

馬場　永好　奥会津学習センター寮長

遠藤由美子　奥会津書房主宰

大里　正樹　福島県立博物館主任学芸員

吉田　博行　会津坂下町教育委員会
川合　正裕　「三島町交流センターやまびこ」所長
菅家　薫　「新鶴温泉んだ」代表者
譲矢　隆　会津若松市議会議員
齋藤　成徳　会津新富座
永山　強　中学校同級生
酒井俊一郎　中学校後輩
渡部　真明　渡部麴屋（高校同級生）
渡部　智枝　高校同級生
伊藤　隆　高校同級生（埼玉県在住）
羽賀　洋　高校同級生（東京都在住）

新潟県側（敬称略）

青木　進　「だんだんど〜も只見線沿線元気会議」会長
横山　正樹　同事務局長、魚沼市議会議員
佐藤　英里　同会員
星野　正昭　「奥只見郷ネイチャーガイド」会長
佐藤　道博　鉄道友の会会員
穴沢　邦男　魚沼市史跡研究愛好会会長

【著者】

鈴木信幸（すずき・のぶゆき）

1950年、福島県会津坂下町生まれ。フリージャーナリスト。東京都西東京市在住。

装丁………足立友幸
DTP制作………勝澤節子
編集協力………田中はるか

会津人が書いた
只見線 各駅物語
36＋2駅に息づく歴史秘話と現在

発行日❖2024年10月10日　初版第1刷

著者
鈴木信幸

発行者
杉山尚次

発行所
株式会社言視舎

東京都千代田区富士見2-2-2　〒102-0071
電話03-3234-5997　FAX 03-3234-5957
https://www.s-pn.jp/

印刷・製本
中央精版印刷㈱

ISBN978-4-86565-282-6 C0036